EU SOU A OVELHA PERDIDA

JOSÉ ROBERTO SOARES PIRES

EU SOU A OVELHA PERDIDA

Ágape

São Paulo, 2015

GERENTE EDITORIAL
Lindsay Gois

AQUISIÇÕES
Cleber Vasconcelos

EDITORIAL
João Paulo Putini
Nair Ferraz
Rebeca Lacerda
Vitor Donofrio

PREPARAÇÃO
Heloisa Wey Neves Lima
Thiago Fraga

REVISÃO
Fernanda Guerriero
Patrícia Murari

CAPA
Dimitry Uziel

DIAGRAMAÇÃO
Rebeca Lacerda

Texto de acordo com as normas do Novo Acordo Ortográfico da Língua Portuguesa (1990), em vigor desde 1º de janeiro de 2009.

Dados Internacionais de Catalogação na Publicação (CIP)
(Câmara Brasileira do Livro, SP, Brasil)

Pires, José Roberto Soares
Eu sou a ovelha perdida / José Roberto Soares Pires. --
Barueri, SP: Editora Ágape, 2015.

1. Autoconhecimento 2. Conduta de vida 3. Desenvolvimento pessoal
4. Experiências de vida I. Título.

15-08247 CDD-248-4

Índice para catálogo sistemático:
1. Desenvolvimento pessoal : Prática religiosa : Cristianismo 248.4

EDITORA ÁGAPE LTDA.
Alameda Araguaia, 2190 – Bloco A – 11º andar – Conjunto 1112
CEP 06455-000 – Alphaville Industrial, Barueri – SP – Brasil
Tel.: (11) 3699-7107 | Fax: (11) 3699-7323
www.editoraagape.com.br | atendimento@agape.com.br

Quando a sombra da cruz de Cristo recai sobre as pessoas na forma de perdas, separações, rejeição, dores, mal físico, desemprego, solidão, recaída, depressão, dependências; [...] quando ficamos surdos a tudo o mais, exceto ao bramido estridente da nossa própria dor; [...] podemos bradar [...]: "Como um Deus de amor permite que isso aconteça?". [...] Escolher a luz de Deus na noite escura do desespero é um ato heroico de coragem. [...] A convidá-lo a unir-se comigo nessa viagem de maltrapilho, não peço mais de você do que peço de mim mesmo: que confie no amor de Deus não importando o que nos aconteça.

Brennan Manning,
em seu livro *O Evangelho Maltrapilho.*
Falecido, "ex-alcoólatra", escritor, teólogo e pregador.

Dedico este livro à Cecília, mulher que o Senhor me deu, e também às pessoas anônimas que entraram na caverna onde eu jazia e saíram comigo de lá.

Sumário

Apresentação 13

PARTE I
Despertar espiritual

Eu sou a ovelha perdida 17
Sou seu Pai e amo você 19
Via dolorosa 23
As mãos ensanguentadas de Jesus 25
O tanque de Betesda 28
Deus Absconditus 30
Sobre a doçura do caqui 33
Eu não posso; Deus pode, se eu deixar 36
Adão, o Diabo e o céu 38
A crucificação do ego 41
Foi a mulher que o Senhor me deu 45
Não tenho o poder 48
Meu nome é Mateus, o publicano 51
Sirvo a quantos senhores? 53
Fui o capitão Marvel 56

Entre Jerusalém e Jericó 58
Deus escolheu os bêbados....................................60
Você parece Jesus 62
Onde está o seu tesouro?....................................64
Enxergando além das nuvens 66
O melhor cordeiro 69
Antes que se rompa o cordão de prata 71
O que tenho em minhas mãos? 75
Esforço-me para ser grato 78
Falei com Ele hoje cedo 81
Deus age nos bastidores 84
A promessa de Deus 89
Amando a si mesmo 93
Perdoa, eles não sabem o que fazem....................................96
Conte sua história 100
Quero ser pobre de espírito 103
Pato no tucupi....................................105
Voo cego 109
Como quem dorme no meio do mar....................................111
Quem controla sua vida?....................................112
Anjos e gaivotas....................................115
Perdoar não é esquecer....................................117
Assombro e maravilhas 118
Beijando a boca torta....................................121
Peço misericórdia....................................123
Faz de mim o que quiseres....................................126
Sou maníaco-depressivo 129
Vivendo de amor....................................131
A visita dos quatro pastores....................................134

Não corra atrás do vento 135
Dissonância 137
Ainda que eu fale a língua dos anjos 139

PARTE II
Os Doze Passos e Deus

Os Doze Passos e as igrejas 143
Série Celebrando a Recuperação 145
Sou dependente de álcool. E você? 147
Eu me rendi, "pois quando sou
fraco é que sou forte" 152
O passo da esperança 160
Entregar é fazer apenas a minha parte 165
Libertando-me das máscaras 172
Eu me prontifico e humildemente rogo 181
Perdoe-me, enquanto aprendo a perdoar 186
Vivendo em recuperação 194
Tenda do Encontro 202
Fui consolado para consolar 210

Referências 215

Apresentação

Entrando no meio de um intenso debate, em uma conferência britânica, acerca de qual seria a contribuição singular, única, do cristianismo, quando comparado às religiões do mundo, Carl S. Lewis respondeu: "Ah, essa é fácil. É a Graça".

Apenas o cristianismo se atreve a dizer que a graça e o amor de Deus são incondicionais. Não preciso fazer por merecer. Não é como o Papai Noel, por exemplo. Quando eu era criança, minhas irmãs mais velhas falavam que, se eu fosse bonzinho o ano todo, ganharia presente no Natal; caso contrário, ganharia um saquinho de cocô de cabrito.

Queridos leitores, no coração de Deus cabemos todos nós. Os maltrapilhos, os dependentes, os pecadores, os que choram, a mulher samaritana, os publicanos, os defeituosos de caráter, eu e os dependentes químicos, que já fomos chamados de "os leprosos do século XXI".

Os Doze Passos dos grupos anônimos, inteirinhos extraídos da Bíblia, também se apresentaram a mim, desde a minha chegada em 1982, na forma da Graça. Os Doze Passos imitam Deus. Ninguém tentou enfiá-los à força em meu coração, nem o próprio enunciado deles revela qualquer indício de que serei submetido à aprovação/desaprovação. Eles simplesmente se apresentam a mim e a você, de graça. As escolhas são suas.

Este livro versa sobre minha vida antes e depois dos Doze Passos. Trata da crucificação do ego. Com os textos que seguem, pretendo atingir o centro de seu coração. Por isso, eles foram escritos com a Linguagem do Coração, que aprendi ao longo desta minha nova vida. Tudo que eu falo sai do meu coração e vai direto para o seu.

PARTE I

DESPERTAR ESPIRITUAL

Eu sou a ovelha perdida

Gosto de pensar que sou muito bom no que faço. Sei tratar de pessoas em dificuldades, especialmente na área de dependências, e sei escrever razoavelmente bem. Hoje, posso dizer que tudo na minha vida está relacionado a pessoas, seja falando com elas e, sobretudo, ouvindo o que têm a dizer, seja escrevendo ou em silêncio. Procuro transmitir aos outros tudo que tenho aprendido nessa grande complicação que é viver, ou, mais ainda, conviver. Porque viver é muito simples, difícil é conviver com o próximo.

Sei que tudo vem de Deus. Ele escolhe pessoas despreparadas e limitadas como eu e as habilita, chegando até a colocar palavras em suas bocas. Às vezes, porém, o meu lado impostor vem à tona e me pego pensando: *E o meu velho jeitão, minha manha, não contam pra nada?*

Tenho que admitir: não contam mesmo! Preciso reverter isso. Não sou esse grande cara que as pessoas imaginam. Sou apenas uma pessoa em permanente busca de si mesma, tentando o tempo todo chegar às águas de descanso. Sou a ovelha perdida. Tudo que escrevo é para mim mesmo, tudo que falo é para que eu mesmo ouça. Sou pastor de mim mesmo, e vivo me perdendo.

Chega dessa postura pseudomessiânica. A Bíblia diz que felizes são aqueles que reconhecem que são pobres de espírito. Tenho reconhecido, pela graça.

Não é o outro que precisa ser pastoreado, não é o famoso "próximo" que necessita de ajuda. Preciso aceitar, lá no fundo do meu coração, que, mesmo quando estou ajudando alguém, o alvo principal sou eu. O miserável, pobre, cego e nu sou eu.

Sou seu Pai e amo você

Luiz Riscado, pregador e escritor, certa vez me falou sobre o filme *Diamante de Sangue (Blood Diamond)*, que relata a comovente história de uma família que vivia relativamente afastada dos horrores da guerra. O pai, a mãe e os três filhos passavam os dias trabalhando, cuidando da plantação, brincando e estudando, em um ambiente de intenso afeto. Até que a guerra invadiu a vida deles e o filho mais velho, um menino de doze anos, foi sequestrado por integrantes de forças revolucionárias. Os outros membros da família viram-se obrigados a deixar a casa onde moravam, passando a viver como refugiados. A partir daí, o filme narra a saga do pai, Solomon, na luta para reencontrar o filho, Dia, que sofre uma verdadeira mudança de identidade ao ser submetido a um processo de doutrinação pelos guerrilheiros, tendo de, por exemplo, matar e torturar em nome deles.

Na parte final, Solomon, ajudado por um contrabandista de diamantes, consegue encontrar e libertar o filho. No entanto, as atitudes de Dia indicam que ele está mentalmente escravizado pela ideologia dos revolucionários.

Logo após ser libertado, ele aponta uma arma para o pai e o amigo, ameaçando matá-los e tratando-os como inimigos, conforme aprendera no tempo em que esteve nas mãos dos revolucionários.

Nesse trecho assistimos a uma das cenas mais tocantes do filme, o reencontro entre pai e filho. Solomon aproxima-se de Dia, corajosamente, e chama-o pelo nome, na esperança de trazê-lo de volta em meio ao entulho de ideias e papéis destrutivos que haviam invadido a mente do garoto.

– Você é Dia Mandy – ele diz –, da orgulhosa tribo Mende. Você é um bom menino, que gosta de jogar futebol e de ir à escola. Sua mãe o ama muito. Ela está esperando por você perto da fogueira, com sua irmã N'Yanda e com o bebê, cozinhando banana em óleo de palmeira.

O menino fica paralisado diante do pai. Solomon então se aproxima um pouco mais e diz, olhando firmemente nos olhos de Dia:

– As vacas estão à sua espera, assim como Babu, o cão que só gosta de você. Sei que foi forçado a fazer coisas ruins, mas você não é um menino mau. Eu sou seu pai e amo você. Quero que você volte para casa comigo e volte a ser meu filho.

O menino então abaixa a arma e, aos prantos, recebe o abraço do pai, recuperando, assim, sua identidade como filho de Solomon, da orgulhosa tribo Mende.

O filme termina com uma mensagem: o ser humano foi criado à imagem e semelhança de Deus. Essa é a nossa identidade original. Assim como na história de Dia Mandy, estamos sujeitos a forças escravizadoras que procuram roubar nossa identidade e nos manter prisioneiros.

Certas vezes, como na história contada no filme, forças externas nos aprisionam, mas, na maior parte delas, são as forças que estão dentro de nós que nos mantêm prisioneiros. Não adianta jogar a culpa no outro ou tentar distorcer a realidade com justificativas elaboradas. A verdade é que essas forças escravizadoras vêm de dentro de nós, e se manifestam em nossa cobiça, que nos faz querer sempre mais, e nas nossas culpas, que nos recusamos a assumir. Durante muito tempo fui prisioneiro do álcool e das drogas. Eu sabia que era mais forte do que eu, mas era incapaz de reconhecer. Sabe por quê? Porque não queria ajuda. No meu íntimo, eu dizia para mim mesmo: *Está tudo bem, deixe comigo!* Outra força escravizadora, o meu orgulho, impedia-me de reconhecer que eu precisava de ajuda. Deus? Ora, que Deus? Deus era eu.

Sabe o que realmente me impedia de viver a minha verdadeira identidade, sem mais disfarces? O que não me permitia viver uma vida plena, abundante, com Deus ao meu lado, e ser feliz com simplicidade e graça? As pequenas prisões que eu mesmo havia construído e que me mantinham acorrentado: a prisão da culpa, de viver preso ao passado, de não perdoar, de viver a vida do outro, do ressentimento, da ira, das mágoas, do descontrole financeiro, do perfeccionismo, dos relacionamentos quebrados, da luxúria, do medo, do orgulho... E você? O que o tem mantido prisioneiro e roubado sua verdadeira identidade?

Hoje à noite, no silêncio do seu quarto, apure os ouvidos. Procure ouvir mais do que o tamborilar da chuva no telhado ou o zunido do vento. Tente escutar a voz de Deus falando com você. Quem sabe Ele não está ali, à sua espera, com os braços estendidos, sussurrando ao seu ouvido:

– Você é um bom menino... Você é uma boa menina... Estou esperando por você... Sei que fez coisas ruins, mas você não é mau. Sou seu Pai e o amo. Venha para casa comigo e volte a ser meu filho.

Via dolorosa

Um dia desses, me peguei pensando por que a Sexta-feira Santa, ou Sexta Maior, como se diz na roça, é chamada de Sexta-feira da Paixão. Talvez pela intensidade do amor ou pela "paixão" mesmo que Jesus Cristo demonstrou por nós. Na verdade, esse foi um dia de sofrimento atroz. Quem teve a oportunidade de assistir ao filme *A Paixão de Cristo* (*The Passion of the Christ*) pôde perceber o quanto Jesus sofreu. O dia todo foi pisoteado, torturado e humilhado pelas pessoas. Quando chegou à cruz, Ele estava coberto de sangue; o rosto e o corpo formavam uma massa informe. Em alguns momentos do filme, o sofrimento é tanto que as pessoas ficam chocadas e emocionadas. Lembro-me da cena em que Jesus tropeça e cai, com o peso da cruz, e todos ao redor riem dele. Pensei em um relance: *Se eu estivesse em Jerusalém naquele momento, no meio da turba, não teria rido também? Teria coragem de me aproximar de Jesus e enxugar sua fronte?* Mesmo depois que o crucificaram, o suplício continuou. Quando Jesus teve sede, ofereceram-lhe vinagre. Você se recorda do que ele disse pouco antes de morrer? "Pai, perdoa-lhes, pois não sabem o que estão fazendo" (Lucas 23:34 – NVI).

Aprendi que, como ninguém sabe como Deus é, Jesus veio para nos mostrar o Pai – "[...] Quem me vê, vê o Pai [...]" (João 14:9 – NVI) – e para nos servir de modelo. Minha restauração pode ter exatamente esse significado: caminhar na direção do modelo.

Sempre que eu pensava em Jesus como modelo, via-me caminhando com Ele ao entardecer, pelas estradas de Jericó, ou sentado confortavelmente na grama ouvindo-o pregar Seu Sermão da Montanha, ou comendo uma peixada à beira do Rio Jordão. No entanto, aprendi com Brennan Manning que "se você vai seguir a Cristo, deve segui-lo o tempo todo, em todas as situações, inclusive em sua caminhada pela Via Dolorosa até a crucificação, até chegar aos pés da cruz".

Todos nós, mais cedo ou mais tarde, teremos que enfrentar nossa via dolorosa. A morte, em si, não me assusta. O que me faz tremer são os dias, meses ou anos de sofrimento – a minha via dolorosa – que antecederão o meu final. Nesses momentos, sinto uma profunda gratidão por Deus ter me libertado daquele ego enorme, da arrogância e da soberba. Imagino como deve ser terrível para as pessoas cheias de si, que se acham donas do mundo e da verdade, terem de ficar presas a uma cama, totalmente dependentes de outros para alimentá-las e mantê-las limpas. Penso na pequenez humana. A Bíblia diz que somos como a neblina, que aparece de madrugada e logo se dissipa pela manhã.

Será que é isso mesmo que significa seguir a Jesus? Preciso caminhar com ele até a cruz, mesmo em meio ao sofrimento ou enquanto enfrento minha própria via dolorosa?

Com a mesma paixão?

As mãos ensanguentadas de Jesus

Sou mestre em usar palavras duras, especialmente quando sou contrariado. Certa vez, partilhei no ministério Celebrando que me intriga ter uma nova família, com filhos, esposa. Em alguns momentos, ainda me surpreendo por poder andar solto por aí em vez de estar preso a uma jaula.

Nesse estado de espírito, abri meu arquivo de Word de orações e digitei: "Bom dia, Jesus. Quero me ajoelhar aos pés da cruz, beijar Tuas mãos ensanguentadas, oferecer-Te água pura da fonte".

Se eu vivesse na época de Jesus e estivesse em um quiosque, às margens do Rio Jordão, com um copo de aguardente nas mãos, e Jesus passasse por mim e dissesse "Siga-me", eu certamente o faria. Quando chegasse o momento de enfrentar Sua via dolorosa, mesmo que eu me acovardasse, o que seria bem provável, e, como Pedro, o negasse três vezes, mesmo assim sinto no coração que eu tentaria, com todas as forças, chegar aos pés da cruz, beijar Suas mãos ensanguentadas, pedir perdão e dar-Lhe água pura e fresca da fonte.

Sei disso porque sempre quis seguir alguém, mesmo nos piores momentos de desvario e devassidão. Certa ocasião, quando tudo estava indo mal na minha vida, um homem de Deus, padre Vicente, tornou-se meu amigo. Eu podia sentir a compaixão nos olhos dele e na forma como ele falava comigo. Padre Vicente exercia seu ministério em uma aldeia de ribeirinhos e pescadores que ficava para lá do fim do mundo, à beira do Rio Amazonas. Ele ensinava as pessoas a plantar, procurando dar-lhes melhor qualidade de vida. O padre passava o dia todo com aquelas pessoas, trabalhando com elas e pregando o Evangelho. Nos últimos anos do meu alcoolismo, no auge do desespero e da falta de esperança, sonhava em ir para lá e segui-lo.

Internado em Teresina, já nos meses finais, cheguei a escrever-lhe uma longa carta. A impressão que eu tinha era de que, se eu fosse para lá, chegaria aos pés da cruz e, finalmente, encontraria forças para sair do deserto em que me encontrava. Ele respondeu à minha carta, e suas palavras tinham a ver com buscar ajuda, render-se.

Certo dia, minha irmã mais velha viajou quatro mil quilômetros só para me ver. Falou-me intensamente de Deus e disse que as coisas poderiam mudar, desde que eu permitisse. Pensei: *Puxa, ela veio de tão longe só para me dizer isso? Podia, ao menos, ter trazido uma caixa de uísque.* Eu era um bêbado de princípios, só bebia uísque! E usava as ervas mais finas.

Mesmo sem esperança, pedi ajuda. *Não posso mais, não aguento mais!* Pouco tempo depois, tomei meu último gole, uma aguardente da marca Coqueiro. Nunca mais bebi nem usei drogas.

Juntei-me a um grupo de pessoas e, juntos, repartíamos o pão, compartilhávamos nossas dores e mostrávamos nossas feridas. Todos os dias, ao entardecer, eu me ajoelhava no chão de uma quitinete em São Paulo, beijava as mãos ensanguentadas de Jesus e pedia: "Por favor, ajude-me".

O tanque de Betesda

Nos tempos de Jesus, havia um tanque chamado Betesda. Ali se reunia uma multidão de enfermos, cegos e paralíticos, na esperança de serem curados. Em meio à multidão que ficava à beira do tanque, havia um homem que estava doente fazia trinta e oito anos. Ao passar por ali, Jesus o viu deitado e, sabendo que fazia muito tempo que ele estava doente, perguntou-lhe:

– Você quer ser curado?

– Senhor, não tenho ninguém para me pôr no tanque quando a água é agitada, pois, cada vez que tento entrar, outro desce antes de mim – ele respondeu.

Então Jesus lhe disse:

– Levante-se, pegue a sua cama e ande!

Na mesma hora o homem ficou curado e, pegando a sua cama, começou a andar (leia João 5:1-9).

Aquele homem estava tão incapacitado, que não podia avançar mais por seus próprios meios. Acampou o mais próximo que pôde do lugar onde havia esperança de recuperação. Ali Jesus encontrou-o e levou-o pelo resto do caminho.

Para muitos, prontificar-se ou estar pronto pode ter o sentido de chegar o mais perto possível da esperança de recuperação, dentro de suas limitadas condições. Ao agirem assim, Deus os encontrará ali e os levará pelo resto do caminho.

Aquele homem esteve doente por trinta e oito anos. Eu estive doente até os trinta e nove anos. Essa relação me tocou. Na fase final da minha enfermidade, procurei ficar o mais perto possível do meu tanque de Betesda, onde havia esperança de recuperação, mas ainda estava longe, fraco e sem forças para avançar pelos meus próprios meios.

Certo dia, homens desconhecidos se acercaram de mim. Eram bem-apessoados, pareciam gozar de boa saúde e eram até bem-humorados. Desejei muito ter o que eles tinham.

Um deles agachou-se perto de mim e falou, com voz mansa:

– Conheço bem essa caverna onde você está, porque já passei por isso. Sei o que você está sentindo, porque já senti isso também. Se você deseja ter o que nós temos, levante-se e siga-nos.

Nenhum deles levantou-me do chão. Assim como Jesus fez com o doente à beira do tanque, eles tiveram a dignidade de me deixar levantar do chão sozinho e levar a minha maca. Quando eles saíram da caverna onde eu jazia, eu os segui, logo atrás.

Deus Absconditus

Era uma quarta-feira à noite. Após sair de uma reunião, fui ao McDonald's para comer um lanche. Tinha acabado de me sentar quando um jovem entrou na lanchonete usando um gorro estilo Ronaldinho Gaúcho e exibindo muitas tatuagens no braço. Ficou pacientemente na fila à espera da vez. Observando-o, confesso que tive alguns pensamentos depreciativos a respeito dele. Não me pareceu um cara do bem, sabe, dentro dos meus padrões.

Depois de um bom tempo, ele pegou o lanche, o refrigerante e, ao invés de sentar-se, saiu pela porta dos fundos, dirigindo-se para a calçada. Continuei a observar, curioso, e o vi encontrar-se com um mendigo em estado lastimável, roupas imundas e enormes, chinelo de dedo, um saco às costas, encolhido de frio. O jovem entregou-lhe o lanche, o refrigerante, e os dois conversaram um pouco, até deram umas risadas. A seguir, ele deu um abraço carinhoso naquele homem e afastou-se, indo embora.

Num supermercado de minha cidade, bem na entrada dos que vêm do estacionamento e da rua, um velhinha fica todo dia ali encostada à parede. Muito idosa, o rosto encarquilhado, tão cheio de rugas que parece até difícil fazer um afago, dar um beijo. Ela permanece horas ali. Não encara as pessoas nem pede esmola, só fica ali. Recebe moedas e notas de algumas poucas pessoas que se dão conta de que ela está ali. Dão o dinheiro com pressa, evitando encará-la. Passa muita gente rente a ela, porém ninguém percebe a sua presença. Faz parte da paisagem, como a banca de jornal, os carrinhos de compra.

Outro dia, um homem bem-vestido, evangélico, bem no portão da rua, a menos de quatro metros dela, distribuía panfletos de uma marcha para Jesus. Não olhou para a velhinha nem lhe deu panfleto. Na parede atrás dela, em um belo cartaz colorido, a Igreja Católica convidava a população a participar dos festejos de comemoração do Dia de Sant'Anna.

Na parábola das ovelhas e dos bodes, talvez a última dele, Jesus fala para as ovelhas escolhidas e que herdam o reino: "Pois eu tive fome, e vocês me deram de comer; tive sede, e vocês me deram de beber; fui estrangeiro, e vocês me acolheram; necessitei de roupas, e vocês me vestiram; estive enfermo, e vocês cuidaram de mim; estive preso, e vocês me visitaram" (Mateus 25:35-36 – NVI).

Essa passagem refere-se à volta de Jesus após esse período intermediário, o intervalo de séculos em que vivemos agora, espaço de tempo em que Deus parece ausente.

Ir embora, afastar-se de nós, deixar a tarefa de levar o reino para seus duvidosos seguidores, seus apóstolos, foi um risco que Jesus correu. O risco de ser esquecido. Até previu essa situação em algumas parábolas, cujo tema é esse: um proprietário deixa a sua casa vazia; um senhor de terras ausente coloca seu servo como responsável; um senhor distribui talentos entre seus empregados e parte. Todas elas falam de um Deus que partiu.

"Onde está Deus agora?" A resposta de pessoas como Nietzsche, Freud, Marx, Camus e Beckett é que o senhor das terras nos abandonou, deixando-nos livres para estabelecer nossas próprias regras. "Deus absconditus".

A verdadeira resposta a essa questão é muito perturbadora e me deixou impactado e muito feliz. Feliz porque tem a ver com o profundo sentimento de paz e exaltação que sinto quando minimamente ajudo alguém, minimamente estendo a mão ou, minimamente, faço um afago.

Onde está Deus agora? Pois está aqui mesmo, bem perto, participando intensamente dessa vida trepidante e na maior parte sem sentido que levamos, correndo atrás do vento. Deus está aqui mesmo entre nós, disfarçado, bem perto. E nós nem o notamos, mal o vemos.

Meus queridos, Jesus, antes de partir, nos disse onde estaria: "... o que vocês fizeram a algum dos meus menores irmãos, a mim o fizeram". (Mateus 25:40 – NVI)

Deus está naquele mendigo do McDonald's. Aquele rapaz, de quem não pensei coisas boas, deu o lanche para Deus, riu com Deus, abraçou Deus. Ele está naquela velhinha encarquilhada, cheia de rugas, parecendo pregada naquela parede do supermercado. É Deus ignorado por quase todos que passam.

Sobre a doçura do caqui

> Quando você precisar de alguém para suprir suas necessidades, o que você tem a fazer é suprir as necessidades do seu próximo. É isso que Deus espera de você. É para isso que você está aqui. (André Fontana, pastor sênior da Igreja Batista Água Viva - Vinhedo)

Essas palavras, ditas pelo pregador André Fontana em um de seus sermões, caíram como chumbo na minha cabeça. No dia anterior, eu havia apresentado à Cecília, em tom queixoso, uma bem elaborada lista enumerando várias de minhas necessidades que supostamente não estavam sendo supridas por ela. Algo assim, caro leitor, parecido com "Eu te amo, desde que...". Senti-me bastante desconfortável, afinal, depois de vinte anos de vida conjugal, a gente conhece bem as necessidades um do outro, e só não nos dispomos a supri-las por preguiça ou quando nos deixamos levar pela rotina. A desculpa mais comum é: "Ah, ela (ele) sabe que eu gosto dela (dele)".

O tema da pregação daquele domingo era mordomia. Aprendi que tudo que tenho me foi dado por Deus. Sou somente o administrador. Deus não me deu tudo que tenho para que eu acumulasse cada vez mais em proveito próprio. Tudo que tenho me foi dado por Ele para que eu possa suprir a necessidade dos outros.

Você sabe o que é suprir? Fui olhar no dicionário, e descobri que significa: completar, inteirar, preencher, minorar, servir de auxílio, acudir, remediar.

Quais necessidades? Todas. As necessidades espirituais, emocionais e materiais. Tudo que tenho é para suprir as necessidades do próximo. Como disse o André, você acha que tudo o que Deus lhe tem dado é unicamente para que você se torne o Rei do Caqui Doce? Você acha que é isso mesmo que Deus quer? Acha mesmo que Deus quer que você gaste todo o seu tempo correndo atrás de ter mais, de acumular mais, de ostentar mais, como em uma corrida maluca de uma sociedade mundana? Esse tipo de pensamento explica por que a teologia da prosperidade, que vem sendo pregada largamente nas igrejas e só visa ao dinheiro de seus membros, tem atraído tanta gente. É porque essa teologia, meus caros, só faz aumentar o grau de doçura do caqui.

Minha confiança em Deus tem aumentado gradativamente. Tenho procurado confiar quando Ele diz que há de prover minhas necessidades. Tenho me esforçado para me desprender do egoísmo que diz que tudo é meu, e procurado enxergar as necessidades materiais, espirituais e emocionais daqueles que estão à minha volta. Peço a Deus que me dê sabedoria para perceber e suprir essas necessidades.

Estou em um processo de mudanças. Outro dia, ao entrar na padaria, olhei para o rosto sério da balconista e perguntei-lhe baixinho: "Você está bem?". Ela imediatamente começou a chorar.

Todos nós temos necessidades. Todos. Se você acha que não tem, que sua vida é perfeita, provavelmente você é quem mais precisa ser suprido.

Eu não posso; Deus pode, se eu deixar

Todo o alicerce do programa de restauração desenvolvido pelo ministério Celebrando a Recuperação está assentado na admissão de uma derrota. Alguns poderão achar que isso é uma loucura, um contrassenso. É remar contra a maré, é o contrário do que prega a cultura da sociedade moderna. Sabe por quê? Porque eu e você fomos criados para vencer. A qualquer preço. No entanto, a Palavra de Deus diz que preciso aceitar minha fraqueza, "deitar com os arreios", render-me.

> *Por isso, por amor de Cristo, regozijo-me nas fraquezas, nos insultos, nas necessidades, nas perseguições. Pois, quando sou fraco é que sou forte. (2Coríntios 12:10 - NVI)*

Para firmar o alicerce, preciso admitir minha impotência e reconhecer meu fracasso diante de ______________ (preencha esse espaço com: culpa, mágoa, ressentimento, pesar, insegurança, orgulho, timidez, medo, ciúmes, ódio ou ira, abusos do passado, relacionamentos quebrados, perfeccionismo, infidelidade, descontrole financeiro, luxúria, ansiedade, obsessão pelo trabalho, mentira, codependência ou viver a vida do outro, jogo, drogas, comprar, comer ou beber compulsivamente etc.).

Preciso admitir que sou fraco, que não posso nada sozinho. Deus pode, mas somente se eu deixar. Preciso me esvaziar de mim mesmo. Um dia, em uma reunião de grupo, confessei que eu não passava de um bêbado, de um drogado. Não era um boêmio nem um poeta da noite. Deus, então, colocou pessoas como eu para entrar na caverna onde eu jazia. Anos depois, confessei minha impotência diante da luxúria, da internet, do salto alto, dos filminhos que não saíam do meu pensamento, das fantasias. Admiti também minha impotência em relação ao orgulho e ao meu ego superinflado. Não posso contra nenhuma dessas coisas, mas Deus pode.

É como entrar no deserto em um voo cego. É preciso entrar em estado de alerta diante da primeira palavra, do primeiro pensamento, da primeira garfada compulsiva, do primeiro gole, do primeiro uso, da primeira fantasia sexual, da primeira agressão. Voar cegamente no deserto é um passo de fé. Só depois que você baixar a guarda, deitar com os arreios, esvaziar-se, Ele lhe dará poder e força para entrar em um processo de restauração. Foi assim no Mar Vermelho, quando Deus respondeu a Moisés: "Diga a eles que sigam em frente". Deus só abriu o mar depois que os primeiros israelitas molharam os pés e deram o primeiro passo. Aquele foi um passo de fé.

Adão, o Diabo e o céu

Você sabe quem são os responsáveis pelas três maiores negações de todos os tempos? Adão, o Diabo e o céu. Adão foi o inventor da negação, atualmente o esporte mais praticado no planeta. Quando Deus lhe perguntou se havia comido do fruto da árvore proibida, ele respondeu: "[…] Foi a mulher que me deste por companheira que me deu do fruto da árvore, e eu comi" (Gênesis 3:12 – NVI).

Adão acusou a mulher e o próprio Deus! Eva, querendo escapar da culpa, disse: "[…] A serpente me enganou, e eu comi" (Gênesis 3:13 – NVI), e acusou o Diabo. O Diabo pode fazer o possível para me destruir e me afastar de Deus, instigando meus pontos fracos nos momentos de tentação, mas, definitivamente, não é ele quem assina cheques sem fundo, gasta mais do que ganha, trai a esposa ou o marido, inventa desculpas ou navega por sites pornográficos.

E o céu, ah, o céu… Que maravilha poder morar para sempre no céu com Deus…

> *[…] Agora a morada de Deus está entre os seres humanos! Deus vai morar com eles, e eles*

serão os povos dele. O próprio Deus estará com eles e será o Deus deles. Ele enxugará dos olhos deles todas as lágrimas. Não haverá mais morte, nem tristeza, nem choro, nem dor [...]. (Apocalipse 21:3-4, NTLH)

A questão não é o céu em si. O perigo está em usarmos essa maravilhosa promessa no sentido negativo. Dizer que a vida é um vale de lágrimas, mas que, no futuro, estarei com Deus e Ele enxugará de meus olhos toda lágrima pode ser uma boa desculpa para os meus pecados e fracassos, para todas as coisas ruins que me acontecem, para os desertos que tenho que percorrer, para a inconstância da minha vida cristã, para não servir de exemplo, para a vida abundante que eu não vivo, para o fracasso do meu casamento, para o meu cálice que não transborda. Quando eu for para o céu, tudo vai ficar bem, mas hoje não. Só lá no céu.

Meus queridos, tenho provado dia a dia que é possível viver uma vida abundante e ver o seu cálice transbordar mesmo debaixo de intenso sofrimento. Faltavam dez dias apenas para o casamento de minha filha quando minha esposa foi diagnosticada com câncer de mama. Na saída do consultório, paramos na padaria para tomar café. A notícia nos pegou de surpresa. Estávamos arrasados. Só Jesus, ao nosso lado, estava calmo. Chegando em casa, nos pusemos de joelhos para orar, os três, num cordão de três dobras. Vivemos intensamente aqueles dias que passamos no deserto.

Só por hoje, um dia de cada vez. Já nem me recordo direito dos nossos dias de sofrimento. As lembranças da intensidade de cada momento, da vida abundante que desfrutamos aos pés da cruz são muito mais fortes. Só estamos um pouco enjoados da Ana Maria Braga, infalível nos consultórios, clínicas e hospitais. Vivemos aqueles dias voltados um para o outro, sendo ao mesmo tempo o samaritano e o viajante ferido à beira da estrada.

Tenho uma forte convicção dentro de mim de que Deus quer que seus filhos vivam intensamente o dia de hoje. Esse é o único dia real. O resto é fantasia. Só hoje posso amar o próximo como a mim mesmo e amar a Deus sobre todas as coisas. Só hoje posso socorrer o viajante ferido na estrada. Quando os israelitas estavam no deserto, dia a dia Deus lhes enviava o maná. A quantidade necessária para cada dia apenas. Tudo que tenho é o dia de hoje, e é tudo que tenho para oferecer a Deus.

O resto é negação.

A crucificação do ego

Certo cristão achava de vital importância ser pobre e ter uma vida austera. Nunca lhe ocorrera que a coisa vitalmente importante era abrir mão de seu ego; não lhe ocorrera que o ego engorda tanto com a santidade quanto com o mundanismo, com a pobreza tanto quanto com a riqueza, com a austeridade tanto quanto com o luxo. Não há nada que o ego não use para inflar a si mesmo. (Brennan Manning, *A assinatura de Jesus*, p. 113)

Discípulo: Venho a ti com nada em minhas mãos.
Mestre: Então largue imediatamente.
Discípulo: Como posso largar? Não é nada!
Mestre: Então arraste com você. Você pode fazer do seu nada um bem. E carregar a sua renúncia por aí como um troféu. Não abra mão de suas posses. Abra mão de seu ego. (Antonny de Mello, *The song of the Bird – O canto do pássaro* –, p. 130. In: *A assinatura de Jesus*, p. 113)

Ninguém é expulso dos grupos anônimos, ninguém pede para alguém sair do grupo. Quem manda nesses grupos é um "Deus amantíssimo", representado por decisões da consciência coletiva.

Frequentei durante certo tempo como visitante e amigo das entidades e presenciei alguns casos. Certa ocasião, uma mulher bastante problemática passou a frequentar o grupo. A presença dela incomodava. Todas as vezes que ela comparecia às reuniões causava problemas. Não pedia licença para falar e interrompia quem estava falando, isso quando não ficava no meio da sala gritando palavrões em espanhol (ela era argentina). Xingava todos os que estavam presentes e por fim xingava o Brasil e o resto do mundo, menos, é claro, a Argentina. Quando o coordenador sinalizava educadamente que seu tempo havia se esgotado, ela mandava o companheiro para aquele lugar e ia embora. Apesar do seu comportamento desagradável, todos a escutavam pacientemente e no final ainda agradeciam! Outro se dizia espírita, assistente de Chico Xavier – e, por sinal, era muito parecido com ele. Usava óculos com uma lente escura e outra clara, começava falando baixinho e terminava aos berros. Gritava com os espíritos que, de acordo com ele, estavam presentes naquele local, repreendia os espíritos que bebiam e usavam drogas. Era de arrepiar. Ficou um tempo sem aparecer, mas voltou depois de três meses, contando que havia sido preso (injustamente, é claro!) acusado de roubar dinheiro da caixa de ofertas da igreja de Santa Ifigênia. Como sempre, todos ouviam com paciência e agradeciam no fim. Outro se dizia adicto e perito em recuperação, oferecendo o curso de Doze Passos a preços módicos às mulheres desavisadas que frequentavam o grupo de Emocionais Anônimos.

Nenhum deles foi expulso do grupo, pois, como dissemos, os grupos anônimos não excluem ninguém. O que acontece algumas vezes é que o próprio membro se exclui do grupo. Não foi isso que aconteceu com esses pitorescos casos mencionados anteriormente, mas pode ocorrer com qualquer um, homem ou mulher, inclusive com líderes de grupos, servidores, membros antigos ou novatos etc. O ego da pessoa começa a inflar, e aos poucos ela vai tornando-se uma pessoa intolerante e ressentida, tentando adaptar o grupo aos seus desejos e planos e vendo defeitos em tudo: a sala não está limpa como deveria, o café está horrível etc. Não trata as pessoas com igualdade, olhando "de cima" para os mais simples e bajulando os que têm posses.

Um dia, o ego dessa pessoa infla tanto que não cabe mais na sala. É nesse momento que ela se afasta e vai embora, não sem antes atirar para todos os lados.

Fiquei surpreso ao descobrir que isso também acontece nas igrejas. Não no sentido de excluir alguém da congregação, pois quanto a isso as regras são claras, mas no sentido de a pessoa se expulsar. Lembro-me de alguns casos bem recentes, em que os egos inflaram tanto que não couberam mais na igreja. Alguns saíram batendo o pé, outros atirando nos que ficaram, especialmente nos pastores.

Acho que deu para você perceber que meu aprendizado foi bem barra pesada. Aprendi a duras penas que, nesse novo caminho, nessa nova trilha abençoada, a primeira coisa que tenho que entregar a Deus é o meu ego. Crucificá-lo. Literalmente.

Foi a mulher que o Senhor me deu

Naquele dia, quando soprava o vento suave da tarde, o homem e a sua mulher ouviram a voz do SENHOR Deus, que estava passeando pelo jardim. Então se esconderam dele, no meio das árvores. Mas o SENHOR Deus chamou o homem e perguntou: – Onde é que você está?

O homem respondeu: – Eu ouvi a tua voz, quando estavas passeando pelo jardim, e fiquei com medo porque estava nu. Por isso me escondi.

Aí Deus perguntou: – E quem foi que lhe disse que você estava nu? Por acaso você comeu a fruta da árvore que eu o proibi de comer?

O homem disse: – A mulher que me deste para ser a minha companheira me deu a fruta, e eu comi. (Gênesis 3:8-12 – NTLH)

Além de não assumir a responsabilidade pelo que havia feito, Adão jogou a culpa na mulher e no próprio Deus.

Este é modelo mais antigo e clássico de negação. Não importa de onde veio o fruto. O único responsável por ele ter comido foi ele mesmo.

A partir daí, toda a humanidade aprendeu a se justificar, a se explicar, a arrumar desculpas. Ninguém assumiu mais nada. Hoje, a negação é a coluna que sustenta o mundo. E o pior é que ninguém consegue sair do buraco. Ficamos presos na paralisia da análise, patinando na própria explicação.

Com dezoito anos, passei em um concurso e fui trabalhar no Paraná, bem longe de casa. A cidade parecia mais um cenário de faroeste. As notícias que chegavam de lá eram inquietantes. Minha família e meus amigos ouviam falar de grandes farras. "O Zé tem bebido muito", todos comentavam. Meus familiares diziam: "Coitado do Zé, bebe desse jeito porque está longe da família". Os amigos, por sua vez, diziam: "Coitado do Zé, bebe assim porque está longe da namorada". O mais engraçado é que havia outros na cidade na mesma situação que eu e nenhum deles tinha se afundado na bebida. Ninguém achava conveniente, inclusive eu mesmo, lembrar que eu bebia e usava drogas desde os quinze anos de idade. Todos sabiam que eu tinha problemas com álcool e drogas, problemas que estavam dentro de mim. Somente depois de muitos anos e de muitas vidas destruídas (a minha, inclusive), porém, é que parei de negar e admiti meu problema com o álcool. Deus me deu a rara e preciosa oportunidade de recomeçar, de ter uma segunda chance e uma nova vida, recuperado e restaurado.

Tempos atrás, li a seguinte notícia em um dos jornais brasileiros de maior credibilidade: "Maradona abandona as drogas, mas mergulha no alcoolismo porque sua mulher o deixou".

Pensei: *Até os jornais…*

Não tenho o poder

Se você costuma ser impaciente ou intolerante com seus filhos e/ou cônjuge, tenho certeza de que não foram poucas as vezes em que encostou a cabeça no travesseiro e prometeu a si mesmo que no dia seguinte tudo seria diferente. Quantas vezes você disse para si mesmo que se empenharia mais em ser paciente e tolerante? No primeiro dia, consegue ser paciente por meia hora, talvez um pouco menos, mas logo depois não aguenta mais segurar. Reconheça que você não tem força suficiente para levar isso adiante. Você não tem força pessoal.

Nos meus tempos de alcoolismo e adicção, lembro-me das incontáveis promessas que fiz a mim mesmo, à minha ex-esposa, e até para minha sogra. Embora eu fosse sincero nessas promessas, nunca consegui cumpri-las. Queria muito vencer o álcool, mas ele era mais forte do que eu. Eu desconhecia a verdade, o pulo do gato.

Uma vez, recebi um e-mail de uma pessoa compartilhando sua compulsão por sexo. Nunca soube ao certo quem ela era, pois jamais se identificou totalmente, mas sei que era um dos líderes da igreja que frequentava em sua cidade. Estava desesperado, completamente dominado pela internet. Chegava a inventar desculpas para que sua esposa e filhos saíssem de casa a fim de que ele pudesse ficar a sós com sua loucura. Aquilo era uma prisão, ele me dizia, tanto quanto a droga ou o álcool. Passava horas acordado, no meio da noite, pensando em filminhos pornôs. Trocamos muitos e-mails na época e compartilhamos bastante, até que um dia ele sumiu e nunca mais me escreveu. Recordo-me que ele não se conformava com sua fraqueza e queria vencê-la com suas próprias forças. O que me causou estranheza foi descobrir que, apesar de ser um líder religioso, ele desconhecia a verdade, o pulo do gato.

Rick Warren, em seu livro *Uma vida com propósitos – Você não está aqui por acaso*, escreveu o seguinte:

> O Espírito Santo de Deus somente libera poder no momento em que você dá um passo de fé... Deus espera que você aja primeiro. Não espere sentir-se poderoso ou confiante. Siga adiante na sua fraqueza, fazendo a coisa certa a despeito de seus medos e sentimentos.

Precisei dar o primeiro passo, abster-me do álcool, do meu orgulho, da luxúria, da inveja, da ira, da mentira e caminhar pelo deserto, pelo vale da sombra da morte, confiando cegamente que Deus iria me dar força, pois Ele estava vendo o querer do meu coração. Fiz isso caminhando junto com outras pessoas, compartilhando minhas fraquezas, minhas dores, meus graves erros, porque é só assim que Deus nos dá forças. Se você ficar sozinho no seu quarto tentando uma ligação direta, Deus vai perdoá-lo; se você falar com Deus junto com outras pessoas, porém, Ele vai perdoá-lo e curá-lo. É uma promessa dEle.

O segredo é reconhecer a derrota, admitir o fracasso diante da falta de paciência, da intolerância, do orgulho, da luxúria, da mentira, da ira, da compulsão por comida, da dependência química. Só quando reconheço que sou fraco é que me torno forte; só quando me esvazio de mim mesmo e deixo Deus preencher os espaços, me torno capaz. Essa é a enorme proposta de Deus para mim e a única forma de viabilizar o "entrego minha vida e minha vontade aos cuidados do Pai".

Meu nome é Mateus, o publicano

Meu nome é Zé Roberto, e sou um alcoólatra. Essa rigorosa honestidade comigo mesmo me traz alívio. "Meu nome é Mateus e sou um publicano." É interessante notar que, quando os autores dos evangelhos de Marcos, Lucas e João mencionam os apóstolos, eles chamam o autor do primeiro evangelho de Levi ou Mateus. Em seu próprio evangelho, porém, ele sempre se refere a si mesmo como Mateus, o publicano, talvez por não querer esquecer quem ele era e para lembrá-lo do quanto Deus teve que descer para alcançá-lo.

Somos todos publicanos e pecadores ou, se você não gosta da palavra pecado, defeituosos de caráter.

Só para relembrar, os publicanos representavam a escória do povo judeu. Cobravam de sua própria gente pesados impostos exigidos pelos romanos, retinham parte do dinheiro para si e ainda recebiam pagamento de Roma.

Só quando fui absolutamente honesto com o grupo e, vencido, parei de negar, é que pude ser resgatado do buraco em que eu me encontrava. Os participantes do grupo foram e continuam sendo instrumentos de Deus em minha vida. Ser o mesmo, absolutamente o mesmo, quando estou sozinho, quando estou com Deus e quando estou com Deus e as pessoas, é muito recompensador, os ombros ficam leves, a mochila cheia de pedras ficou jogada ao longo do caminho.

Sou Zé Roberto, um alcoólatra. Sou o publicano, sou a renegada mulher samaritana, sou o ladrão, sou o leproso, sou o bêbado, sou a mulher adúltera, sou o pescador inculto, sou Pedro, sou João Batista – aquele que vivia no deserto e se alimentava de gafanhotos e mel silvestre e que não se achava digno de "desamarrar as correias das sandálias" de Jesus (Mateus 1:7).

Sou um maltrapilho.

Sirvo a quantos senhores?

Segundo o escritor Luiz Riscado, fui criado para ser governado por um único "centro de lealdade", do qual deveriam emanar todos os critérios e valores que vão dirigir minhas convicções e escolhas. Originalmente, a vida com Deus deveria ocupar esse centro de lealdade. Quando nos afastamos de Deus, "nos tornamos semelhantes a um país sem primeiro-ministro, dirigidos por forças incapazes de nos dar a unidade para a qual fomos feitos". Podemos dizer que essas forças são as demandas da vida *psique* (psicológica) e da vida *bios* (biológica), que funcionam como ministros de Estado envolvidos em uma disputa de poder em um país desprovido de uma autoridade capaz de exercer uma função integradora. As consequências disso são evidentes: desintegração, desarmonia, guerra interior.

A carta de Tiago retrata essa situação ao contrastar o homem instável, dividido, agitado por conflitos internos e externos, com o homem íntegro, que busca conhecer a Deus e absorver Sua sabedoria. Um homem assim, devotado a Deus, experimenta a paz.

Um dos princípios do ministério Celebrando a Recuperação é admitir que só Deus pode nos devolver a sanidade. Para iniciar a minha recuperação, preciso crer nisso.

Por que preciso de Deus? Primeiramente, porque por mim mesmo não tenho forças para sair da insanidade. Depois, porque eu preciso deixar de ocupar o centro da minha vida. E, por fim, porque todo mundo tem um deus, que pode ser o sexo, o dinheiro, a droga, a internet ou qualquer outra coisa.

O princípio não diz, mas fica claro que, depois de crer, preciso reconhecer Deus como meu único Senhor, meu centro de lealdade.

> *Ninguém pode servir a dois senhores; pois odiará a um e amará o outro [...]. (Mateus 6:24 - NVI)*

Tenho lutado com isso. Tenho procurado servir a Deus, mas sou constantemente assediado por outros senhores, e acabo oscilando. No momento, quem tem disputado a primazia com o Senhor é o meu ego. O deus a quem tenho servido e diante do qual chego às vezes a rastejar sou eu mesmo. Sei que você me entende quando digo que o meu ego é o meu deus...

Meu sonho é fazer de Deus meu único centro de lealdade. Esvaziar-me do ego e colocar minha vida e minha vontade nas mãos do Pai. Tenho orado sempre por isso, e os resultados têm sido animadores. Só assim consigo viver em completa paz, sem conflitos. Todas as manhãs, oro entregando a Ele minha vida e minha vontade. Peço também pelos meus filhos – não sou o deus deles, embora tente –, pela vida de minha mulher, pelo dia de amanhã, pelo dia de hoje, "só por hoje", pelo meu passado, pela minha intolerância, pela minha insatisfação básica (nem bem recebi uma graça e já quero outra), pela vida do Zé. E, por fim, peço a Ele que me dê paz, muita paz, aquela que excede todo o entendimento.

É assim que tenho vivido. Mas e os outros senhores? Continuam me rondando, me tentando, mas hoje sei que sou de Jesus. Fechei com Ele e não abro.

Fui o capitão Marvel

A Cecília me deu um abraço demorado e sussurrou no meu ouvido: "Parabéns! Hoje também é o seu dia!".

Era o dia 27 de maio. Meu filho Lucas comemorava dezenove anos de vida. Eu estava limpo e sóbrio havia vinte e nove. Deus tem cumprido sua promessa de me libertar. Há vinte e nove anos dobrei os joelhos, quebrantei meu coração, pedi misericórdia, enfim, rendi-me.

Não lembro qual foi a última droga que usei, mas meu último gole foi uma cachaça da marca Coqueiro. Logo eu que, por uma questão de princípios, só tomava uísque... Mas não tive escolha. Quem me deu a pinga foi o psiquiatra da clínica onde eu estava internado, nas proximidades de Brasília. Durante os últimos sete dias eu havia tomado diariamente um comprimido de Antabuse, um antietanol que, teoricamente, deveria fazer que eu me sentisse tão mal ao beber que odiaria qualquer bebida alcoólica. Em vez disso, passei a odiar o médico.

Comecei a beber e a usar drogas com doze anos. Eu precisava daquilo, não tinha escolha. Naquela época, havia um personagem de história em quadrinhos chamado Capitão

Marvel. Era um jornaleiro de altura mediana, que mancava de uma perna e usava óculos, porém, quando falava a palavra Shazam, transformava-se em um super-herói, parecido com o Superman. A bebida tornou-se o meu Shazam. Ela me transformava... Fazia que eu me sentisse mais alto e muito mais bonito.

Naquela época, minha vida estava se transformando em uma longa descida ladeira abaixo. Em 1982, porém, conheci algumas pessoas que haviam trilhado o mesmo caminho que eu, mas agora estavam bem, com ótima aparência. Meu coração encheu-se de esperança.

Tenho aprendido a "baixar a bola", a diminuir o tamanho do meu ego, a esvaziar-me de mim mesmo e, em especial, a consolar os outros. Aprendi que sou consolado para consolar os outros, esse é o plano de Deus. É o que tenho procurado fazer ao longo desses anos, consolar, estender a mão, passar adiante, ou *Pass it on,* como dizia Bill Wilson, um dos fundadores dos grupos anônimos e, na opinião de Aldous Huxley, o maior arquiteto social do século XX. É isso, passar adiante, estender a mão, levar a mensagem.

Aqueles que como eu receberam o privilégio de uma segunda chance, de uma nova vida, levam vantagem ao abordar quem está sofrendo, pois podem dizer: "Eu sei o que você está sentindo porque já senti isso, eu conheço o lugar onde você está porque já estive aí, nesse mesmo lugar".

Só por hoje, Pai.

Entre Jerusalém e Jericó

Quando minha filha Mariana concluiu a oitava série, fomos convidados a participar de um culto ecumênico, no ginásio de esportes da escola. Cerca de duzentos alunos e seus convidados, pais, parentes e amigos, espremiam-se nas arquibancadas lotadas. No centro da quadra, em uma espécie de palco improvisado, estavam sentados um padre e um pastor. O padre era um rapaz alto e sorridente, de cabelos grisalhos e bem aparados. O pastor, um homem baixinho, de cabelos ralos, meio que escondido em um canto do palco, olhava distraído para a ponta de seus sapatos, com a Bíblia na mão.

Não lembro direito quem falou primeiro, mas lembro-me bem das palavras do pastor... e como poderia esquecê-las? Tenho certeza de que muitos que estavam ali, inclusive os alunos, ainda se lembram... Meu amigo, o silêncio era tal que podia se ouvir o zumbido de uma mosca. O pastor começou dizendo que, um dia, Jesus contou uma história:

> *[...] Um homem descia de Jerusalém para Jericó, quando caiu nas mãos de assaltantes. Estes lhe tiraram as roupas, espancaram-no e se foram,*

deixando-o quase morto. Aconteceu estar descendo pela mesma estrada um sacerdote. Quando viu o homem, passou pelo outro lado. E assim também um levita; quando chegou ao lugar e o viu, passou pelo outro lado. Mas um samaritano, estando de viagem, chegou onde se encontrava o homem e, quando o viu, teve piedade dele. Aproximou-se, enfaixou-lhe as feridas, derramando nelas vinho e óleo. Depois colocou-o sobre o seu próprio animal, levou-o para uma hospedaria e cuidou dele. No dia seguinte, deu dois denários ao hospedeiro e disse-lhe: 'Cuide dele. Quando voltar lhe pagarei todas as despesas que você tiver'. (Lucas 10:30-35 – NVI)

Quando terminou de contar a história, o pastor fez o seguinte comentário:

– Todos vocês devem ter percebido que há três tipos de pessoa nesta parábola: as que criaram problemas (os assaltantes), as que fugiram do problema (o sacerdote e o levita), e aquela que procurou dar uma solução ao problema (o samaritano).

O pastor então fez uma pausa, olhou firmemente para o rosto de cada um dos duzentos estudantes e completou:

– Você, meu caro jovem aqui presente, já parou para pensar por que você veio ao mundo? Você está aqui para criar problemas, para fugir dos problemas ou para resolver os problemas? É essa pergunta que eu deixo para cada um de vocês hoje. Hoje, antes de dormir, coloque-se diante de um espelho e faça a si mesmo essa pergunta.

Deus escolheu os bêbados

Acho que um dos motivos que levaram os judeus a não acreditarem em Jesus foi o fato de Ele não vir cercado de pompa nem acompanhado por um séquito ou comitiva (como a que acompanha presidentes do Brasil em suas viagens).

Jesus entrou em Jerusalém, a capital do seu reino, montado em um jumentinho, rodeado por pessoas simples. A entrada de Jesus em Jerusalém é chamada de "entrada triunfal", mas não teve nada de grandioso. Ao contrário, foi um ato de grande simplicidade.

Cristo nunca procurou os poderosos deste mundo, os políticos importantes, os grandes líderes religiosos, os luminares de sua época. Ao contrário, escolheu andar com os rejeitados e com os marginalizados socialmente: os samaritanos, os publicanos, a mulher adúltera, os leprosos, os alcoólatras. Na hora de escolher seus discípulos, selecionou os indivíduos mais estranhos que se poderia imaginar: pescadores analfabetos, um cobrador de impostos, um místico, um incrédulo e um fariseu, Paulo, que até então perseguia e matava os cristãos. Ele continua escolhendo pessoas bastante incomuns para serem seus seguidores. De fato, parece que lhe agrada fazer escolhas surpreendentes.

Jesus escolheu os bêbados para curarem uns aos outros. Observe o que diz Bill Wilson no livro *Alcoólicos Anônimos atinge a maioridade – Uma breve história de A.A.*:

> Sendo um companheiro no sofrimento, ele podia identificar-se comigo e o fez, e de maneira tal como ninguém mais poderia. Como um morador recente do estranho mundo do alcoolismo, ele podia, em memória, voltar a entrar e ficar ao meu lado na caverna onde eu jazia. As outras pessoas só podiam ficar do lado de fora e olhar para dentro. Ele podia entrar, tomar minhas mãos e conduzir-me para fora.

Jesus continua escolhendo os bêbados, os párias da sociedade. Posso afirmar isso porque senti na própria pele, quando estava no buraco, e continuo sentindo durante todos esses anos. Sei o que você está sentindo porque já passei por isso; conheço a caverna onde você está porque já estive lá.

Minha família e meus amigos tentaram de tudo para que eu largasse a bebida; fui a médicos, psiquiatras, psicólogos e até a um terreiro. Deste último eu até gostei, já que me ofereceram uma cachaça! Quem me ajudou a sair da caverna onde eu jazia foram pessoas desconhecidas, que saíram de lá e me levaram com elas. Não me apontaram o dedo, não me passaram sermões. Apenas me contaram um pouco de suas histórias, que, por sinal, eram bem parecidas com a minha, com as mesmas angústias, e me perguntaram se eu queria segui-las.

Respondi que sim.

Você parece Jesus

Estava voltando para casa depois de um ótimo almoço, em paz com o mundo, especialmente depois de ter conseguido a proeza de montar dois almoços para viagem naqueles pratinhos ridículos de isopor, sem deixar cair nenhum pedacinho de bife no chão nem de lasanha na camisa, quando, ao entrar em uma rua de pouco movimento, avistei um pouco mais à frente um senhor puxando com dificuldade um carrinho cheio de pedaços de papelão, latas, garrafas e todas aquelas coisas que os catadores de rua recolhem dos lixos. Ao passar por ele, acenei-lhe com a mão e percebi, num relance, que ele havia ficado surpreso, afinal ninguém acena para "esse tipo de gente".

Andei mais alguns quarteirões e parei o carro. Aquele homem não me saía da cabeça. Era um negro velho, de cabelos brancos, com a roupa suja depois de ter passado a manhã catando lixo nas ruas. Manobrei o carro e voltei. Ele tinha progredido pouco, andava devagar. Cumprimentei-o e trocamos algumas palavras. Ele me disse que estava cansado, mas precisava levar a carga para vender.

Perguntei-lhe mansamente:

– O senhor aceita que eu lhe dê algum dinheiro?

Ele levantou o rosto, olhou firme nos meus olhos e, sem perder a dignidade, respondeu:

– Aceito, sim, senhor. Estou precisando muito.

Peguei todo o dinheiro que tinha e dei a ele. Ele guardou--o no fundo do bolso, temendo, talvez, perdê-lo. Em seguida, estendeu para mim a mão calosa e encarquilhada. Segurei-a com as duas mãos e disse:

– Você parece Jesus...

Ele achou graça, riu alto, a boca quase sem dentes.

Sei que ainda falta muito para eu me tornar o samaritano da parábola. Ele socorreu o homem caído à beira da estrada, cuidou dele, tratou de suas feridas e levou-o até uma hospedaria. O samaritano fez tudo que pôde para atender às necessidades do homem que havia caído nas mãos dos assaltantes.

Quanto a mim, tenho procurado caminhar atrás de Jesus, seguir seus passos.

Onde está o seu tesouro?

Deus recomenda que eu não coloque a minha segurança nas riquezas materiais, para que elas não se transformem em outro deus. Os tesouros materiais a traça e a ferrugem destroem, e os ladrões arrombam e furtam. Devo acumular tesouros espirituais, pois estes são eternos, a traça e a ferrugem não destroem, nem os ladrões podem roubar.

A Bíblia diz, no livro de Mateus (6:19-21), que onde estiver o meu tesouro, ali estará também o meu coração.

Quais são esses tesouros espirituais? Quero destacar dois: o primeiro é a gratidão. Todas as vezes que começo o dia agradecendo tenho um dia melhor. Procuro me lembrar sempre de ser grato por estar sóbrio e não sentir vontade de beber. Só por hoje. Isso por si só já é um milagre. Agradeço também por minha perna não estar doendo, e pela última cirurgia que fiz, há dezesseis anos, ter sido um sucesso. Sofri muito com essa perna. Foram quatro cirurgias, por isso andar bem e sem dor é motivo de reverência e agradecimento. O efeito colateral da gratidão é que, no momento em que estou agradecendo, volto no tempo e vejo claramente como eu estava antes de ficar sóbrio ou quando a perna doía muito.

Agradeço também por alguns problemas corriqueiros, como o fato de a internet estar estável e o vizinho barulhento ter se mudado.

O segundo tesouro espiritual que quero destacar, talvez o mais importante, é o meu próximo, as pessoas com quem convivo. Deus quer que eu ame os outros como a mim mesmo, ou seja, com o mesmo amor que eu tenho por mim. E, como esse amor que tenho por mim é muito grande, exagerado mesmo, devo amar o meu próximo nesse mesmo patamar, exageradamente. Além disso, esse amor deve ser incondicional. Não posso amar "desde que..." nem mais nem menos do que a mim mesmo. Essa é a chave da vida. Porque se eu amar mais ao meu próximo do que a mim, meu sentimento de dignidade, dado por Deus, vai para o brejo. E se eu amar menos ao meu próximo do que a mim, meu senso de dignidade acaba se transformando em orgulho, talvez o mais grave defeito de caráter.

Tesouros materiais, tesouros espirituais... Qual é o seu tesouro e onde ele está? Cuidado, é lá que está também o seu coração.

Enxergando além das nuvens

Winston Churchill, em seu livro *A tempestade se aproxima*, prevendo o ataque repentino dos nazistas, que resultou na destruição de grande parte da cidade de Londres, escreveu: "O futuro está carregado de presságios".

Nuvens de tempestade costumam se juntar. Houve uma época em que meu futuro e o daqueles que me cercavam parecia estar sempre carregado de presságios. Nuvens tempestuosas, sem chuvas, lançavam sombras inquietantes, gerando pessimismo.

De um lado, à minha esquerda, estava minha pilha de ansiedade, preocupações e medos, como nuvens tempestuosas, sem chuvas, carregadas de presságios. Do outro, estava Jesus, com os braços abertos, olhando-me nos olhos e dizendo:

> *Venham a mim, todos os que estão cansados e sobrecarregados, e eu lhes darei descanso. (Mateus 11:28 – NVI)*

Jesus está além da cruz, além das nuvens. Eu não conseguia me separar dos meus problemas, vivia abraçado, agarrado à pilha da esquerda, olhando amedrontado para as nuvens escuras.

Hoje, aprendi a olhar além das nuvens, a ouvir os sussurros do meu coração, a me afastar da pilha de problemas. Dou as costas para os meus problemas e me aproximo de Deus, abraçando-me a Ele.

Quando olho meus cadernos de oração de dez, doze anos atrás e vejo a grande quantidade de orações começando com "Pai, peço-lhe de joelhos", "Deus, por favor", fico espantado ao perceber que Deus não deixou nada para trás. A vida seguiu em frente, tudo teve um encaminhamento, tudo desapareceu, perdido no tempo.

Há uns anos, meu filho tinha uma entrevista para *trainee* num duro processo de seleção. Enviei uma mensagem para ele, no celular: "Lucas, descanse no Senhor. E voe alto como a águia".

As circunstâncias mudaram. Hoje, minha pilha de problemas é outra. A Mariana está casada, o Lucas vai fazer vinte e um anos, um quarto já está vazio. Os filhos são como flechas, um dia eles partem e não voltam mais. Passo por um grave mal-entendido com minha família de origem, mas estou em paz, o Pai está cuidando. Estamos atravessando um período de deserto, minha esposa foi diagnosticada com mais uma doença grave. Temos comido o maná de cada dia. De dia, uma coluna de nuvens tem nos guiado, e à noite, uma coluna de fogo nos ilumina o caminho.

Minha esposa e eu temos um momento devocional diário. Às vezes nos perdemos no tempo, orando em voz alta, compartilhando, aplainando as veredas, experimentando o mistério de se tornar um só.

Tenho conseguido dar as costas para a pilha de problemas e aprendido a confiar e a descansar no Senhor, procurando sempre enxergar além das nuvens, para além da cruz.

O MELHOR CORDEIRO

O Dia das Mães aproximava-se e Mariana estava preocupada. É que justo naquele domingo ela havia se comprometido a dar aula na escola dominical, pela manhã e à noite. A chance de conseguir alguém para substituí-la era mínima, já que o quadro de professores andava meio desfalcado.

Temos uma tradição na família, da qual Cecília, minha esposa, não abre mão: todos os anos, ela faz questão de ir até Santos para passar o Dia das Mães ao lado de sua mãe, dona Renata. Chegamos a pensar na possibilidade de a Mari não ir conosco a Santos e homenagear a mãe à noite, quando voltássemos, mas logo desistimos, pois concluímos que, ao agir dessa forma, ela estaria oferecendo à mãe as sobras do dia.

Nos tempos de Jesus, os judeus costumavam oferecer a Deus sacrifícios de animais, especialmente de cordeiros. Deus esperava que eles oferecessem o melhor animal do rebanho, o cordeiro mais bonito, mais forte e mais saudável. Alguns judeus, porém, ofereciam a Ele os animais mais fracos, os mais feinhos ou aleijados, que teriam pouca utilidade, conservando para si os melhores animais.

Cecília e eu estamos casados há bastante tempo, e em todos esses anos ela nunca deixou de passar o Dia das Mães com sua mãe. E, embora ela não expresse isso em palavras, sua expectativa é de que seus filhos a acompanhem e ofereçam a ela o melhor do dia. Na época em que seu pai era vivo, essa mesma tradição se cumpria no Dia dos Pais. Durante muitos anos eu a acompanhei, até que um dia me rebelei:

– Chega! Não viajo mais, não vou mais passar o meu dia dirigindo pra cima e pra baixo por essas estradas, homenageando sogro, cunhados e sobrinhos. De agora em diante vou ficar em casa. Tive cinco filhos, dois casamentos; sou praticamente um patriarca, o povo que venha me homenagear.

No fundo, acho que eu estava era com inveja. Queria o melhor cordeiro para mim...

Quando Deus resolveu oferecer um sacrifício à humanidade, Ele ofereceu o seu próprio filho para morrer na cruz – Jesus, o Cordeiro de Deus.

Você tem oferecido a Deus o que tem de melhor ou tem Lhe dado apenas as sobras?

Durante muitos anos eu nem sempre ofereci o melhor. Houve ocasiões em que deixei de ser a solução do problema, como sempre quis ser, para me tornar eu mesmo um problema.

E no casamento? Tenho dado o melhor ou oferecido as sobras? E para os meus filhos? E para o meu grupo de recuperação? E para a igreja? Acho que estou mais para "mezzo aliche, mezzo mozzarella". Às vezes, ofereço o meu melhor cordeiro, mas em outras escolho o mais magrelo do rebanho, o manquinho, o zarolho para dar ao Senhor.

ANTES QUE SE ROMPA O CORDÃO DE PRATA

SOU FASCINADO PELO LIVRO DE ECLESIASTES, escrito provavelmente por Salomão, em sua velhice. No meu exemplar há o seguinte comentário:

> *À medida que o autor olha em torno de si e examina os empreendimentos humanos, vê o homem numa corrida desenfreada atrás de uma coisa após outra – labutando como se conseguisse dominar o mundo, desvendar seus segredos, mudar suas estruturas fundamentais, tentar ser senhor de seu destino. O livro contém as reflexões filosóficas e teológicas de um idoso cuja vida, na maior parte, não tivera sentido, porque ele não confiara em Deus. (Bíblia de Estudo NVI)*

"Tudo é inútil", escreve o autor em Eclesiastes (1:14), "é correr atrás do vento!".

Meu fascínio pelo livro vem desde minha primeira vida, aquela encharcada de álcool, drogas e arrogância. Lembro-me de uma poesia que escrevi – nas madrugadas etílicas eu era um intelectual revoltado! Misturei trechos inteiros do Eclesiastes à minha poesia e, como contraponto, criei um personagem, Zé da Silva, que não tinha tempo para nada. Ficou mais ou menos assim:

Há um tempo certo para cada propósito debaixo do Sol:
Tempo de nascer e tempo de morrer...
Tempo de chorar e tempo de rir...
Tempo de guardar e tempo de jogar fora...
Tempo de amar e tempo de odiar...
Zé da Silva levanta às quatro,
Come o pão que o Diabo amassou;
Marmita no saco, se abala às pressas.
Zé da Silva é besta de carga...

Naquela época, eu era o ápice de mim mesmo, estava acima de tudo e de todos. Aliás, fiquei surpreso quando descobri que eu não era Deus. Eu não só não acreditava em Deus, como não conseguia sequer pronunciar o seu nome.

Hoje, não só acredito como procuro amá-Lo e tento, a cada dia, entregar minha vida e minha vontade a Ele. Aprendi que a vida não tem sentido sem Deus. Afinal, como diz Eclesiastes, "tudo é inútil, é correr atrás do vento". Dou muitas mancadas, e gosto de escrever sobre isso, mas tenho procurado não perder o foco de que estou em uma jornada e tenho uma direção a seguir.

Gostaria de compartilhar com você uma linda poesia que está no último capítulo do livro de Eclesiastes e que considero a mais bela já escrita, ou talvez a que mais me emociona.

Nela, o autor fala sobre ficar velho. Identifico-me muito com o que ele escreve, e choro um pouco sempre que a leio. O texto é rico em metáforas: os guardas da casa representam os braços e as pernas; os moedores são os dentes, e a moagem o ato de mastigar, e os cabelos brancos são como o florir da amendoeira.

> 1 *Lembre-se de seu Criador nos dias de sua ju-*
> *ventude, antes que venham os dias difíceis e se*
> *aproximem os anos em que você dirá: "Não te-*
> *nho satisfação neles";*
> 2 *Antes que se escureçam o sol e a luz, a lua e*
> *as estrelas e as nuvens voltem depois da chu-*
> *va;* 3 *quando os guardas da casa tremerem e os*
> *homens fortes caminharem encurvados; quan-*
> *do pararem os moedores por serem poucos e*
> *aqueles que olham pelas janelas enxergarem*
> *embaçado;* 4 *quando as portas da rua forem fe-*
> *chadas e diminuir o som da moagem; quando*
> *o barulho das aves o fizer despertar, mas o som*
> *de todas as canções lhe parecer fraco;* 5 *quan-*
> *do você tiver medo de altura e dos perigos das*
> *ruas; quando florir a amendoeira, o gafanhoto*
> *for um peso e o desejo já não se despertar. En-*
> *tão o homem se vai para o seu lar eterno e os*
> *pranteadores já vagueiam pelas ruas.*
> 6 *Sim, lembre-se dele, antes que se rompa o cor-*
> *dão de prata, ou se quebre a taça de ouro; an-*
> *tes que o cântaro se despedace junto à fonte,*

a roda se quebre junto ao poço, [7]*o pó volte à terra, de onde veio e o espírito volte a Deus, que o deu.*
[8]*"Tudo sem sentido, sem sentido", diz o mestre. "Nada faz sentido! Nada faz sentido!"* (Eclesiastes 12:1-8, NVI)

O QUE TENHO EM MINHAS MÃOS?

UMA VEZ ASSISTI AO VÍDEO DE UM EVENTO de alcance mundial chamado Summit. O palestrante era um pastor norte-americano, um "negão" enorme, que começou falando assim:

– Se você colocar uma bola de basquete em minhas mãos, nada vai acontecer. Mas, se colocar essa mesma bola nas mãos de Michael Jordan, o mundo inteiro ficará deslumbrado. Tudo depende das mãos. Dê um taco de golfe para qualquer um segurar e tudo vai continuar igual. Porém, se o taco estiver nas mãos de Tiger Woods, ele vai ganhar todos os campeonatos. Tudo depende das mãos. Coloque cinco pães e dois peixes em minhas mãos e você terá apenas alguns sanduíches. Mas, quando colocaram dois peixes e cinco pães nas mãos de Jesus, Ele alimentou uma multidão. Tudo depende das mãos. Se alguém colocar pregos em minhas mãos, nada vai acontecer. Mas uma vez colocaram pregos nas mãos de Jesus Cristo e o mundo nunca mais foi o mesmo. Tudo depende das mãos.

Em seguida, ele fez uma pausa e, olhando para as próprias mãos, perguntou a si mesmo:

– O que é isto nas minhas mãos? – Depois, olhou direto para a câmera e perguntou, com seu vozeirão: – E você? O que tem em suas mãos?

O que tenho em minhas mãos? Tenho um tesouro de valor inestimável, que não depende de mérito pessoal, foi-me dado de graça. É que sou um deles, você sabe... Deus não deu aos grandes mestres e doutores o poder de curar os bêbados e drogados. Ele deu aos próprios alcoólatras e drogados o poder de recuperarem uns aos outros, pois apoio mútuo entre as pessoas que estão "no mesmo barco" as fortalecem. Assim como Ele jantou com um publicano e conversou com uma prostituta, Ele nos deu a missão de pastorearmos uns aos outros, nós, as ovelhas perdidas.

Certa vez, durante uma reunião, ouvi alguém dizer:

– Nós temos um tesouro em nossas mãos, mas muitos não percebem, ou não querem perceber.

Não foi meu pai nem minha mãe; não foi meu professor nem meu médico ou minha esposa. Eles bem que tentaram, mas simplesmente não tinham a força nem a empatia. Foram desconhecidos que entraram na caverna onde eu jazia e saíram de lá me levando com eles. Foi um milagre de Deus? Certamente, mas Ele só atua através de nós mesmos. Acho que Ele tem um carinho especial por esse estranho rebanho maltrapilho, do qual todos fogem e querem distância.

O que tenho feito com esse tesouro? Alegro-me em constatar que tenho procurado fazer a minha parte. Já entrei em muitas cavernas, mais do que consigo me lembrar, mas só recentemente é que pude perceber que Deus entrou em todas junto comigo. Ou você se esqueceu das palavras de Jesus em Mateus 18:20: "Onde se reunirem dois ou três em meu nome, ali eu estou no meio deles". Alguns saíram da caverna, outros não quiseram, vendados os olhos da alma, tapados os ouvidos da alma. Não me lembro de ter recusado algum pedido de ajuda. Dei algumas mancadas, afinal são vinte e seis anos de estrada. Lembro-me de uma moça que me ligou de madrugada dizendo que tinha cortado os pulsos e eu, meio dormindo, disse a ela para passar mercúrio cromo. Aprendi a ficar sempre com as mãos estendidas. Passo cerca de vinte e três horas por dia com as mãos estendidas – logo após o almoço dou um *break* para a sesta.

E você? O que você tem em suas mãos?

ESFORÇO-ME PARA SER GRATO

- ✓ Hoje estamos sem nenhum vazamento de água aqui em casa; acabei de passar pelo corredor onde ficam as caixas-d'água e está tudo seco. Recentemente, tivemos um problema sério de vazamento. Tanta gente esteve aqui em casa tentando, sem sucesso, consertar a mesma coisa que eu cheguei a sugerir à Cecília que deixássemos assim como estava, pingando mesmo... Era só pôr um balde bem grande embaixo. Daria até certo charme, as pessoas poderiam pensar que se tratava de um novo estilo de decoração...
- ✓ Meu carro está na garagem, em ordem, sem problemas, pronto para me levar para onde eu quiser.
- ✓ Há bem pouco tempo, estive a ponto de jogar tudo pela janela...
- ✓ Estamos no inverno e ninguém está doente, resfriado. O Lucão está com um problema no pé esquerdo. Em breve, deve fazer uma ressonância.

Por tudo isso e tantas coisas mais que hoje quero começar o dia me esforçando para ser grato a Deus.

Tenho um caderninho guardado, ou melhor, vários cadernos em que escrevia minhas orações, que deveriam ser diárias, mas não era sempre que escrevia. Às vezes orava sem escrever, meio às pressas, tipo: "Hoje estou muito ocupado". Às vezes nem orava, muito menos agradecia.

Neles há duas orações que se repetem muitas e muitas vezes, as quais eu faço até hoje, pois são agradecimentos necessários, constantes e substanciais para minha vida: o primeiro agradecimento a Deus é por estar sóbrio a cada dia e por não ter nenhuma vontade ou compulsão de beber ou usar droga; por passar dias sem sequer pensar em bebida, o famoso "só por hoje". Somente quem passa por um processo desses entende a necessidade e o que essa frase representa. O segundo e também diário agradecimento é por estar andando quase normalmente e sem sentir nenhuma dor na perna esquerda. Tenho uma prótese no quadril, já fiz quatro cirurgias. Durante um tempo, usei muletas e senti muitas dores. Minha última cirurgia foi em janeiro de 2000, e poder andar sem as muletas tem sido uma bênção e um milagre. Quem me operou foi o doutor Honda. Vai ver é parente do cara que fez o motor Honda para o Ayrton Senna.

O mais impressionante é que todas as vezes que eu oro agradecendo por essas coisas, me vem à memória o inferno em que eu vivia em relação ao álcool e à dor forte que sentia devido ao problema na perna, e em seguida me sobrevém um imenso alívio.

É, meu caro leitor, minha querida leitora, é simples assim. Quer tentar? Que tal começar fazendo uma lista de gratidão? Só por hoje, é claro!

Como diz meu filho Lucas, a "alegria é um exercício de gratidão".

Falei com Ele hoje cedo

Certa ocasião, perguntaram a um pregador norte-americano como ele podia afirmar, com tanta certeza, que Deus existia. Ele respondeu:

– Claro que Ele existe, falei com Ele hoje cedo!

Bill Hybels, em uma pregação no evento Summit, discorreu sobre o fato de a oração ser um ato antinatural:

> Desde o nascimento aprendemos as regras da autoconfiança, enquanto nos esforçamos e batalhamos para adquirir autossuficiência. A oração vai contra estes valores profundamente estabelecidos. É um atentado à autonomia humana, uma ofensa à independência do viver. Para as pessoas que vivem apressadas, determinadas a vencer por si mesmas, orar é uma interrupção desagradável.
> A oração não faz parte da nossa orgulhosa natureza humana. No entanto, em algum momento, quase todos nós chegamos ao ponto em que caímos de joelhos, inclinamos a cabeça, fixamos nossa atenção em Deus e oramos. Podemos até nos certificar de que ninguém esteja

olhando, podemos ficar envergonhados, mas, a despeito de tudo isso, nós oramos.

Cair de joelhos foi minha rendição final. A primeira vez em que realmente orei, estava em abstinência de álcool havia um mês e de drogas fazia alguns meses. Estava tomando um cafezinho com Tiana, uma grande amiga, que saíra da prostituição e se tornara uma respeitável cozinheira de restaurante, quando ela me perguntou à queima-roupa:

– Zé, como está sua vida com Deus?

– Ah, Tiana, eu não acredito em Deus. Nem consigo pronunciar o nome dele – respondi.

Ela então me disse:

– Ah, pois você vai ter que dizer isso a Ele esta noite, ajoelhado aos pés de sua cama. Você vai dizer que não acredita Nele, que não consegue nem dizer o Seu nome, e que você está derrotado, que sua vida foi para o brejo, que precisa de ajuda.

Levei um tempão para ficar de joelhos, sentia vergonha. E olha que eu estava sozinho. Mas orei naquela noite. Fiz tudo que a Tiana mandou. Lembro-me até de ter chorado um pouco.

Eu já rezei muito, principalmente quando era criança. Depois de cada confissão tínhamos que rezar aqueles terços intermináveis. O pessoal da turminha competia para ver quem rezava o terço mais depressa. Mas orar, orar mesmo, nunca. Quando digo orar, quero dizer falar com Deus, colocar diante Dele meus agradecimentos, minhas súplicas, meus pedidos, meus ressentimentos e expressar meu respeito a Ele.

Enfim, bater um papo com Deus. Ou, como diz o André, meu pastor, "orar feito um pentecostal".

Faço isso de duas maneiras: em voz alta ou escrevendo. Preciso orar assim para não ficar divagando, porque se ficar só pensando eu viajo, misturo as estações, começo a me lembrar das namoradas do passado, fico discutindo comigo mesmo. Depois que escrevo, leio-as em voz alta para Deus. Tenho aqui ao meu lado seis caderninhos presos num elástico, onde anoto minhas orações. As orações escritas têm uma vantagem: você pode ler tudo de novo anos depois. Quer um exemplo? Veja o que escrevi nessa oração de 31 de julho de 2002, escolhida ao acaso: "Deus, acho que seria ruim se a amizade da Mari com a Paty enfraquecesse ou desmoronasse. Se o Senhor for da mesma opinião, por favor, incomode a Mari para fortalecer essa amizade". A amizade entre elas se fortaleceu e se mantém até hoje.

Folheio ao acaso e encontro esta, também de 2002: "Pai, a Mari está perto de escolher o que vai fazer na vida. Oriente-a, por favor! Fique firme no coração dela e a faça escolher algo bem legal. Pai, acho que ela seria ótima com crianças, ou talvez até como psicóloga. O que você acha?". Hoje, a Mari está concluindo o curso de Pedagogia na Unicamp e trabalhando com crianças em uma creche da Prefeitura de Campinas.

Deus age nos bastidores

Leia comigo este texto do Evangelho segundo Mateus (6:1-4), da Bíblia *A Mensagem*, versão de Eugene Peterson, numa proposta de linguagem contemporânea.

> *Quando fizerem o bem, tenham cuidado para que seu gesto não vire peça de teatro. Pode até ser um bom espetáculo, mas Deus não vai aplaudir. Quando for ajudar alguém, não chame atenção para você mesmo… apenas ajude, com simplicidade e discrição. É assim que Deus, que o criou com todo amor, faz. Deus age nos bastidores para ajudar você.*

Em tantos anos de minha vida intensamente vivida, recebi incontáveis bênçãos do Pai. Tanto quando eu era um publicano pecador como quando me tornei cristão, ele sempre agiu com simplicidade e discrição. Nunca pareceu dar a menor importância aos Ibopes, às CNNs e Globos. Ele parece não ter necessidade disso. São incontáveis essas bênçãos e eu sempre lamento nunca ter feito uma lista, pois seria muitíssimo prazeroso relembrar cada uma delas.

No início de 1982, minha irmã, Lila, viajou quatro mil quilômetros e foi me ver em Teresina, onde eu estava internado em uma clínica psiquiátrica. Naquela época só tinha uma clínica para dependentes químicos no Brasil, a Reindal, em Cotia. O coração da Lila era do Pai, e ela orou por mim todos os dias, acho que a partir dos meus vinte anos. Ela costumava dizer que eu estava no colo de Deus. Essa clínica foi o meu fim de linha. Não tinha mais esperança e a vida perdera, finalmente, o sentido. Quando ela chegou, coitada, num calor de quarenta graus, disse-me: "Nosso pai aqui na Terra me pagou a passagem, mas foi Deus quem me mandou aqui. Não posso fazer nada, mas Ele pode salvá-lo e lhe dar uma nova vida". Achei legal a visita dela, ainda tentei contar algumas vantagens, mas isso foi tudo. Quatro meses depois, porém, eu estava trabalhando em São Paulo e participava de minha primeira e estranha reunião, em um estranho grupo, onde senti esperança, que havia perdido. Nunca mais bebi nem usei drogas.

Em 1983, conheci a Cecília. Como disse um cunhado meu quando foi me visitar em casa, eu já casado: "Essa mulher caiu do céu para você".

Uma noite inesquecível no Teatro Municipal de São Paulo, assisti a meu filho músico João Poleto receber, das mãos de Serginho Groisman, a estatueta da APCA (Associação Paulista de Críticos de Arte), como melhor compositor de teatro infantil.

Dez anos depois, com a Mariana e o Lucas a tiracolo, viemos parar em Vinhedo, no estado de São Paulo, até hoje não entendemos como. Ou entendemos. Um dia, a Cecília foi convidada para um pequeno grupo na casa de uma amiga, pertencente a uma igreja local. Embora cética, foi e acabou gostando e se envolvendo. Algum tempo depois, muito por causa dos filhos, convidei a família para irmos à igreja dessas pessoas, as quais eu admirava. Acabei surpreendido por um forte encontro com Deus, que dura até hoje. E a minha intimidade com Ele só aumenta.

Tenho uma prótese de quadril e, em 1999, já havia sofrido três cirurgias, estava de muletas, sentindo muitas dores e sem médico. Meu grande amigo e cirurgião de confiança havia falecido ainda jovem. O Martim apareceu em minha vida, um alcoólatra, a quem eu estava tentando ajudar, e indicou-me um ortopedista da Santa Casa de São Paulo. Em janeiro de 2000, fui operado pelo doutor Honda, um japonês de pouca conversa. Na véspera ele veio me ver e no escuro do quarto eu lhe desejei um "Que Deus o ajude, doutor". A cirurgia durou sete horas em que ele, pacientemente, reconstruiu todo o meu quadril, para poder apoiar a nova peça, que se estendia do quadril até perto do joelho. Não havia previsão de duração do conjunto, pois se tratava de uma técnica recente. Pois faz dezesseis anos que nada sinto, ando muito bem e só uso bengala para caminhar no shopping com minha mulher, onde ela faz longas caminhadas.

Bênçãos, incontáveis bênçãos.

O Lucas ganhou uma bolsa para terminar a High School na Flórida. Jogou futebol pela escola, apareceu na seleção do Estado. Passou lá um ano e muitas portas abriram-se para ele desde então.

O casamento da Mari com o Caio foi inesquecível. Uma verdadeira ceia ao Senhor, descontraída, com a cara dela; a melhor festa de que já participei.

Em 1997, eu me converti e me tornei cristão na Igreja Batista Água Viva. Durante alguns anos, vivi uma duplicidade desconcertante. Deus havia me tirado da caverna em 1982 e eu ia me restaurando por meio dos Doze Passos dos grupos anônimos. Na igreja, fui identificando na Bíblia todos os menores detalhes dos Passos, literalmente todos. Mesmo assim, nesse período, ouvi alguns poucos crentes, pregadores, comentarem que os Doze Passos eram da Nova Era, coisa do Diabo. Fui engolindo em seco e seguindo em frente. Até que, em 2003, recebi a maravilhosa notícia. Os Passos, comparados às bem-aventuranças, tinham sido introduzidos nas igrejas cristãs por meio do programa Celebrando a Recuperação (Celebrate Recovery), que caiu no meu colo aqui em Vinhedo. Hoje, está em dezenas de países, até em uma igreja cristã de um país muçulmano. Que bênção! Que Deus!

Em 2011, a Cecília teve um diagnóstico de câncer no seio. Teve o cardápio completo, um medo enorme, quimioterapia, perda de cabelo, radioterapia. De uma forma estranha, porém - acho até difícil dizer isso –, fomos bem felizes, sempre muito juntos. Começamos um encontro diário nosso com Deus, para oração, autoexame e partilha que dura, infalivelmente, até hoje. A presença de Deus ao nosso lado foi fortíssima, dava para tocá-lo. Sua promessa se cumpriu: "Sejam fortes e corajosos, não se apavorem nem desanimem. O Senhor seu Deus estará com vocês por onde vocês andarem".

São incontáveis as bênçãos que tenho recebido. Deus, porém, nunca se preocupou em anunciá-las ao mundo. Nas bênçãos incontáveis que você também recebeu, caro leitor, Deus agiu com discrição, como é do seu feitio. "É assim que Deus, que o criou com tanto amor, faz. Deus age nos bastidores."

O recado do Pai é que eu aja assim também, com simplicidade e discrição. Sem esperar aplausos.

A promessa de Deus

Robert Holbrook, ou doutor Bob, como as pessoas o chamavam, foi um dos fundadores de Alcoólicos Anônimos e, ele mesmo, é claro, um alcoólatra. Médico e cirurgião de certo renome na cidade de Akron, no Estado de Ohio, sua vida estava em franco declínio, tanto no aspecto moral como profissional. Mesmo nessa época, porém, ele lia a Bíblia todas as noites. O fato de ter crescido em um lar cristão e de seu pai ter sido professor de escola dominical da Igreja Batista por mais de vinte anos deixara raízes profundas em seu coração.

Às vezes, em conversas com uma amiga da família, Henrietta Seiberling, que mais tarde ofereceria sua própria casa para as reuniões, ele se queixava:

– Henrietta, quero tanto me libertar do álcool, mas não consigo.

– Calma, Bob. Eu sei que você quer. Só que ainda não sabe como – respondeu ela.

Algum tempo depois, por volta de 1935, Bill Wilson, outro fundador dos Alcoólicos Anônimos, precisou ir até Akron para resolver um negócio que provavelmente seria sua última oportunidade de arrumar um trabalho. Há alguns meses sem beber, Bill estava se sentindo muito só – e desesperado para tomar uns drinques. Ao se dirigir para o bar do hotel, que por sinal estava bem animado, ele passou pela cabine telefônica e viu, colada no vidro, uma lista com os endereços das igrejas da cidade. Sob forte conflito emocional, ele começou a ligar para as igrejas perguntando se conheciam alguém que estivesse enfrentando problemas com bebida, para conversar com ele. Quando as pessoas insistiam em saber mais detalhes, ele dizia apenas que queria encontrar alguém para ajudar. Depois de várias ligações, alguém finalmente manifestou interesse em ajudá-lo e lhe apresentou Henrietta, que, por sua vez, telefonou para o doutor Bob. Constrangido e contrafeito, ele concordou em receber o visitante por, no máximo, quinze minutos.

Quando ficaram a sós, o médico fez a seguinte pergunta ao visitante:

– Sou médico, estudei durante muitos anos e sei tudo que a ciência pode fazer por mim. Já conversei com vários especialistas no assunto, e não obtive resultado. Quem é você e por que acha que pode me ajudar?

– Não vim ajudá-lo – respondeu Bill. – Vim pedir ajuda.

A partir dessa frase, Bill contou ao médico sua própria história e seus mais bem guardados segredos. Pego de surpresa, o doutor Bob, que havia se armado mentalmente até os dentes para acabar com os argumentos daquele intrometido, ficou totalmente desarmado. Ao ouvir a história de Bill, sentiu uma vontade irresistível de contar sua própria história e começou a falar também. Os quinze minutos se transformaram em muitas horas, e eles nem viram o tempo passar.

Reconhecer que precisa de ajuda é a chave para as pessoas falarem a linguagem do coração, a linguagem de Deus. É compartilhar as frustrações e os anseios mais profundos, é tirar as máscaras diante do outro. Aquela fagulha transformou-se em um fogo mágico, hoje representado por mais de cem mil grupos anônimos presentes em praticamente todos os países do mundo, sendo que, em alguns lugares, os grupos Celebrando a Recuperação e o programa dos Doze Passos finalmente chegaram às igrejas.

Nós, os maltrapilhos, não temos vergonha de falar a linguagem de Deus, de confessar nossos segredos, de tirar as máscaras. Fazer isso, na palavra de Deus, representa a cura. É uma promessa.

Na época em que só havia os grupos de Akron e o de Nova Iorque, o programa de Doze Passos ainda não existia e a carta de Tiago, um dos livros da Bíblia, foi largamente utilizada como base para a recuperação. Já li e reli essa carta inúmeras vezes. É o meu livro favorito. Algumas passagens falam tão forte ao meu coração que merecem um texto à parte.

Agora, porém, quero deixar aqui um versículo da carta que é uma promessa de Deus e representa a cura:

> *Confessem os seus pecados [erros, segredos] uns aos outros e orem uns pelos outros para serem curados [recuperados]. (Tiago 5:16)*

É uma ordem ("confessem uns aos outros") e é também uma promessa de Deus ("para serem curados").

As pessoas "normais", entretanto, não fazem isso. Pelo contrário, morrem de medo de se expor. Mesmo dentro das igrejas. Mesmo desafiando a vontade de Deus, preferem se esconder atrás de suas máscaras, presas em suas pequenas prisões. Olhe o que está escrito na apostila do programa Celebrando a Recuperação: "O tamanho de sua dificuldade em confessar seus segredos a outro ser humano é exatamente o tamanho de seu compromisso com a sua máscara".

Amando a si mesmo

Ouvi falar de uma família em que o marido, após colocar a filha para dormir, trocava de roupa e ia dormir na casa da amante. No outro dia, cedinho, antes de a filha acordar, ele voltava para casa, tomava o café da manhã com ela – preparado pela esposa, é claro – e a levava para a escola.

Não sei se essa história é verdadeira ou uma simples ilustração, mas eu e você sabemos do que o ser humano é capaz, do estilo miserável de vida que impera em tantos lares por aí. Conheço uma mulher que apanha do marido e ainda o justifica dizendo: "Ele só me bate quando eu não tenho razão".

A maior frase de todos os tempos é: "Ame o próximo como a si mesmo". Durante muitos anos não via nada de mais nessa frase. Ao contrário, achava-a uma *frasezinha* bem comum. *Jesus Cristo havia sido um pouco óbvio*, pensava do alto do meu pódio imaginário.

Até o dia em que ouvi alguém dizer essa mesma frase, mas com um pequeno acréscimo: "Ame o seu próximo IGUAL a si mesmo". Em seguida, ele prosseguiu dizendo: "Porque, se você amar menos a si mesmo e mais ao próximo, seu instinto de dignidade pessoal, dado por Deus, vai para o brejo. E, se você amar mais a si mesmo e menos ao próximo, seu instinto de dignidade pessoal vira orgulho, e você se torna prisioneiro de si mesmo. Prisioneiro de seu ego inflado".

Precisamos ter em mente que o próximo não é somente aquele que está caído, machucado ou com fome. Essa é uma imagem estereotipada que precisamos tirar da cabeça. O próximo é seu marido (ou sua mulher), tão próximo que você até dorme com ele, seus filhos, seus vizinhos, seu patrão, seus empregados, sua sogra (ou sogro), sua nora, seu genro, e até aquela pessoa de quem, neste exato momento, você sente raiva só de pensar. Todos eles são seus próximos.

Ame o próximo IGUAL a si mesmo. Precisamos de alguns parâmetros que nos permitam passar da teoria para a prática. Como posso saber se estou amando mais, menos ou igual?

Tenho em meus arquivos alguns padrões usados em grupos anônimos que podem servir de base. Eles podem ajudá-lo a identificar se você é uma pessoa controladora (que ama mais a si mesma) ou submissa (que ama menos a si mesma).

Se isso tem ou não a ver com a frase de Jesus, é você quem vai descobrir.

CARACTERÍSTICAS DA PESSOA CONTROLADORA

1. Precisa ser "necessária" para poder se relacionar com outras pessoas.
2. Tenta controlar eventos, situações e pessoas por meio da culpa, coação, ameaça, manipulação e conselhos para assegurar que as coisas aconteçam do jeito que ela considera correto.
3. Concorda com os outros para que todos gostem dela.
4. Pratica boas ações e favores visando acumular pontos e fica desapontada quando seu esforço não é reconhecido.
5. Oferece livremente conselhos e sugestões para os outros, mesmo sem ser solicitada.

CARACTERÍSTICAS DA PESSOA SUBMISSA

1. Sente-se culpada pelos sentimentos e comportamentos dos outros.
2. Tem dificuldade em dizer não.
3. Não leva em conta seus sentimentos, só o dos outros.
4. Não sabe o que quer, mas procura saber o que o outro quer.
5. O medo de despertar a raiva do outro determina o que diz ou faz.
6. Coloca as necessidades e os desejos do outro acima dos seus.
7. Não enxerga suas qualidades e não se considera uma pessoa amável.

Perdoa, eles não sabem o que fazem

A noção comunitária do cristianismo sofreu severamente sob a moral legalista. Perdemos de vista a consciência de que a celebração da ceia é a reunião da família santa e adoradora de Deus em torno de seu irmão mais velho, que os conduz ao Pai em submissão amorosa. A religião tornou-se uma espécie de negócio de cabine telefônica, uma comunicação em particular entre mim e Deus sem nenhuma referência ao meu irmão. Vou à igreja enquanto o mundo vai para o inferno. Quando a moral legalista me entorpece e me leva para uma insensibilidade tal que não consigo mais ouvir o grito angustiado de meu irmão; quando os cristãos norte-americanos podem ficar mais gordos e mais egoístas em sua superabundância – enquanto em algumas ruas adiante seus irmãos brancos, afrodescendentes e latinos são submetidos a uma pobreza esmagadora e a uma sordidez aviltante – e apaziguarem a consciência frequentando aos cultos no domingo; enquanto os americanos podem gastar trinta milhões de dólares com suas próprias férias e distribuem ínfimos milhões em campanhas de combate à pobreza, então Karl Marx estava certo: a religião é o ópio do povo. (Brennan Manning, em *O Evangelho Maltrapilho*, p. 301)

Acho que sei o que contribuiu para deixar Manning assim, tão radical. As suas origens. As salas enfumaçadas de Alcoólicos Anônimos por onde andou, quando tudo era uma questão de vida ou morte e sua sobrevivência dependia da sobrevivência do outro; vidas se reconstruindo a partir do nada, a partir do fundo do poço. Brennan Manning, um renomado teólogo, pastor e escritor, reconhecia seu problema de alcoolismo e contava que se recuperou naquelas salas, salas chamadas por Philip Yancey de Igreja da Meia-Noite. "Fui um bêbado vagando pelas ruas de Fort Lauderdale", dizia. Salas de uma entidade que renunciou a tudo, propriedades, bens, remuneração pessoal, visando a um único objetivo: levar o alcoólatra a dedicar a vida ajudando o outro. Ele contava que, nas salas de reunião do A.A. espalhadas pelo mundo, há uma declaração pregada na parede, repetida por todos os participantes dos milhares de grupos:

> Quando qualquer um, seja onde for, estender a mão pedindo ajuda, quero que a mão de A.A. esteja ali. Para isso, eu sou responsável.

Deus espera que cada um de nós busque o próximo e lhe estenda a mão. Esta é a medida do meu relacionamento: buscar o outro até que não haja mais outro – era o que afirmava Manning, de forma radical e enigmática.

Esse radicalismo é importante porque nos tira da acomodação. No entanto, a compreensão da realidade é igualmente importante. Assim como nos grupos de A.A., as pessoas nas igrejas estão em diferentes estágios de restauração, e muitas já tiveram o centro do coração atingido por um forte sentimento de compaixão pelo próximo. Compaixão no sentido de identificar-se com a dor do outro a ponto de senti-la em si mesmo. Muitos, porém, contentam-se em ir à igreja no domingo enquanto o mundo vai para o inferno. Pessoas assim estão com os olhos fechados e os ouvidos tapados, e por isso não veem o irmão nem ouvem seu grito pungente. Durante essa caminhada as escamas de seus olhos talvez caiam e eles então serão capazes de ouvir o outro com os ouvidos da alma. A vida é assim... O encontro com Deus vai acontecendo aos poucos: para alguns pode ser mais depressa; para outros o processo é mais demorado. Precisamos amar aquele que ainda não vê e não ouve, plantar a semente, ter paciência e esperar o momento em que ele terá, ou não, seu encontro com Deus.

Algumas igrejas são exemplos notáveis de amor ao próximo. Não preciso ir muito longe. Aqui mesmo, em minha igreja, foi criada uma ONG para dar assistência a mais de uma centena de crianças de um bairro carente, no contra-horário da escola. Em 2015, são mais de trezentas crianças em três locais na cidade. Além de tirá-las das ruas, onde ficam à mercê de traficantes e bandidos, esse trabalho atinge o âmago das famílias dilaceradas pelo alcoolismo, pelas drogas, pelo desamor e pela ignorância.

Todas as sextas-feiras à noite, cerca de cinco mil pessoas se reúnem em uma igreja em Saddleback, nos Estados Unidos, para tratar de dependências, compulsões e doenças da alma. O programa recebeu o nome de Celebrate Recovery, Celebrando a Recuperação, e é baseado exclusivamente nos Doze Passos dos Alcoólicos Anônimos, sem tirar nem pôr. Esse programa tem se espalhado pelas igrejas do mundo inteiro e já chegou à minha, aqui em Vinhedo, onde ajudei na implantação do programa, já que eles precisavam de alguém do ramo. O modelo desse programa são os grupos anônimos, mas com uma única diferença: o Poder Superior é Jesus Cristo.

Os descrentes que me desculpem, mas vocês acham mesmo que há outro poder superior? Quem mais se deixaria pregar na cruz em meu lugar? Só aquele que, depois de ter sido maltratado e ferido pelas minhas mãos (eu também estava lá, em meio à multidão de apedrejadores), ainda conseguiu pedir, lá do alto do madeiro, todo ensanguentado: "Pai, perdoa-lhes, pois eles não sabem o que estão fazendo" (Lucas 23:34 - NVI).

Conte sua história

No site de um excelente centro de recuperação para usuários de álcool e drogas, Vila Serena, há uma frase de John Burns: "Recuperar-se é contar histórias". Cecília, psicóloga, ao ouvir isso comentou: "Fazer terapia é contar histórias". O apóstolo Paulo, que viajou a serviço de Deus por todo o mundo conhecido da época, costumava entrar nas sinagogas e contar sua história:

> *Por volta do meio-dia, eu me aproximava de Damasco, quando de repente uma forte luz vinda do céu brilhou ao meu redor. Caí por terra e ouvi uma voz que me dizia: 'Saulo, Saulo, por que você está me perseguindo?'* (Atos 22:6-7 – NVI)

Bill Wilson costumava viajar muito, e por todos os lugares em que passava ele falava a milhares de pessoas. Todos gostavam muito de ouvi-lo, principalmente quando ele contava a história do seu despertar espiritual em um leito de hospital: "Dentro de mim, e ao meu redor, eu podia sentir a maravilhosa presença de Deus, e pensei *Então esse é o Deus dos pregadores!*".

Jesus gostava de contar histórias e de ensinar por meio de parábolas. Minha parábola favorita é a do filho pródigo, que tem tudo a ver comigo. Como diz um amigo, J. B., são os fatos que interessam; portanto, são os fatos que devem ser contados.

A famosa partilha praticada nos grupos anônimos e nas reuniões do Celebrando a Recuperação, que arrebata, recupera e restaura, é feita de histórias. Partilhar não significa contar, de forma genérica, o quanto eu feri o outro com a minha língua. É contar cada história de ferimento, é buscar os feridos, que, geralmente, são as pessoas com quem mais tenho intimidade, é contar do remorso e da culpa que sinto. Só assim consigo me libertar. Só quando encaro os fatos. Preciso me expor, mostrar os pés cheios de feridas aos companheiros do grupo, assim como cada apóstolo fez com Jesus Cristo, que, com toalha e sabão, lavou cuidadosamente os pés de cada um. No grupo, através das histórias, nós lavamos os pés uns dos outros, pensamos nossas feridas e assim vamos sendo curados.

Muita coisa precisa ser mudada nos pequenos grupos de cristãos que se reúnem nas casas todas as semanas. Precisamos retornar às origens, fazer como os cristãos do primeiro século:

> *Todos os dias, continuavam a reunir-se no pátio do templo. Partiam o pão em suas casas, e juntos participavam das refeições, com alegria e sinceridade de coração (Atos 2:46 – NVI)*

Eles partilhavam também as dores, as doenças da alma, as culpas e os medos, e dividiam os fardos, para serem libertos e se apresentarem diante do Pai sem máculas.

Hoje, poucos conseguem se expor nas igrejas. Na verdade, não é fácil tirar os sapatos e deixar que os outros vejam nossos pés sujos e feridos, precisando ser lavados e pensados. Precisamos aprender a colocar em prática o que ouvimos na pregação do domingo e compartilhar o que temos feito até o momento.

Temos muito que aprender com as tradições e normas praticadas nos grupos anônimos e nas reuniões do Celebrando, mas duas delas se destacam. A primeira é: "fale na primeira pessoa", ou seja, fale sobre sua experiência pessoal, seu sofrimento e como você lida com isso. A segunda é: "demonstre respeito pelo outro" – tenha em mente que você não está ali para condenar ou consertar o outro, e sim para falar de sua experiência e aprender. Por isso, não faça comentários nem dê conselhos aos companheiros de seu grupo. Deixe isso para o Espírito Santo de Deus e fique em silêncio. Quem é você para saber o que é melhor para mim ou para o outro? Essa forma de comunicação gera intensa identificação entre os participantes. Nós a chamamos de linguagem do coração. O que falo sai do meu coração e vai direto para o seu.

Não tenho dúvidas de que essa é a linguagem de Deus para a humanidade, para a Igreja. Quando os cristãos atingirem esse nível de despojamento, estarão então muito próximos de Deus.

Quero ser pobre de espírito

O cristão verdadeiramente humano, sem dissonância entre o que ele pensa de si e o que os outros pensam dele, é verdadeiramente pobre. Sei que ainda não sou totalmente pobre em espírito, mas tenho caminhado nessa direção. Primeiramente, buscando compreender o que de fato significa ser pobre em espírito. Quando eu era criança, na igreja católica da minha cidade havia uma placa com os dizeres:

Bem-aventurados os pobres em espírito,
pois deles é o Reino dos céus. (Mateus 5:3)

Não sei se tirei isso da minha cabeça ou se os dizeres da placa permitiam esse entendimento, mas a meu ver eles estavam se referindo aos deficientes mentais.

Mais tarde, compreendi o verdadeiro e maravilhoso significado dessa expressão e tenho procurado ser assim, com todas as minhas poucas forças. Chego a pensar que todo o meu processo de restauração e as desajeitadas experiências para me tornar cristão caminham nessa direção: reconhecer-me como pobre em espírito e me tornar pobre em espírito, ou espiritualmente pobre. Isso tem a ver com chamar os carrascos e pedir-lhes que crucifiquem meu ego. Tem a ver com esvaziar-me de meu orgulho, de minha autossuficiência e da minha prepotência para deixar Deus entrar. Sabe por que preciso fazer isso? Porque esse espaço todo que eu estou ocupando pertence a Deus. E, como esse espaço não é meu, em algum momento vou descobrir que não sou Deus e cair em um enorme vazio existencial, em uma verdadeira ressaca moral. Esse vazio não pode ser preenchido com calmantes nem com álcool ou drogas, pois é o lugar exato para Deus ocupar na minha vida. Assim, a primeira coisa que devo fazer é tornar-me pobre em espírito.

Hoje reconheço como verdade que só serei feliz se me tornar pobre em espírito, exatamente como Jesus Cristo fez há mais de dois mil anos, ao reagir com paciência e compreensão diante de uma pessoa arrogante e conseguir enxergar, debaixo de atitudes grosseiras, um coração assustado e amedrontado.

Espero chegar o dia em que serei apenas eu mesmo, em que me sentirei leve e sem amarras, em que não mais me sentirei superior ou inferior a ninguém, e em que não mais me preocuparei em cumprir as expectativas que as pessoas alimentam a meu respeito.

Nesse dia então serei finalmente um homem de Deus, pobre em espírito, manso e humilde de coração.

Pato no tucupi

Já fui convidado para muitos jantares, mas só uma vez recebi um convite para ocupar um lugar na mesa principal. Na verdade, o convidado principal era eu. Ofereceram-me o melhor assento, ao lado do presidente da Federação das Indústrias de um Estado da região Norte/Nordeste do país. Foi ele quem trinchou o "pato no tucupi" no meu prato e ficou observando, expectante, eu dar a primeira garfada. Tive a impressão de que todos à minha volta pararam de comer e ficaram olhando para o meu prato. Naquela hora de agonia, parecia que o mundo inteiro estava me observando.

Pato no tucupi é um prato muito apreciado naquela região. O problema é que eu não sou nada, não passo de um paulista acostumado a comer filé com fritas. Olhei para aquele pobre patinho deitado no prato, respirei fundo e dei a primeira garfada. Engoli a custo, tomei um copo de vinho por cima para ajudar a descer e fiz a cara de êxtase que todo mundo esperava, mais pelo vinho do que pelo coitadinho. Depois de quatro copos de um ótimo vinho, eu me tornei o maior apreciador de pato no tucupi da região do alto, médio e baixo Amazonas. Cheguei até a pegar a receita, fornecida por uma loira espetacular, de minissaia e salto alto, levemente perfumada, contratada como mestre de cerimônias do almoço. Ela escreveu a receita em um guardanapo, debruçada sobre mim, sussurrando ao meu ouvido alguns detalhes íntimos do pato, ou melhor, da preparação do pato.

Na verdade, não era eu exatamente o objeto daquelas homenagens. O diretor de comércio exterior da empresa em que eu trabalhava não pôde comparecer ao almoço e fui escolhido para representá-lo. Durante o almoço, foi anunciado um grande evento que deveria acontecer em trinta dias.

Essa foi a primeira e a última vez que ocupei o lugar de honra. Lembro-me de ter participado de outras festas, recepções e coquetéis, mas nunca mais me ofereceram o lugar principal. Não cheguei nem perto. Certa vez, eu e um colega tivemos que nos sentar em uma mesinha que ficava atrás de uma coluna, perto do banheiro. Nossa mesa ficava tão longe que, para enxergar a mesa principal, precisávamos de um binóculo!

Há outro lado da minha vida que tem tudo a ver com essa história de ocupar o lugar principal. Como vocês já devem estar cansados de saber, tenho um problema na perna esquerda que me impõe certas limitações. Trata-se de uma prótese de quadril que, de tempos em tempos, precisa ser trocada ou reparada, assim como a gente faz com a suspensão do carro. Embora traga algumas restrições, esse problema oferece também algumas vantagens. Uma delas é eu poder me sentar nos melhores lugares. Desde que fiz a minha última cirurgia, as pessoas têm sido muito cuidadosas comigo. Nas festas e reuniões, sempre me oferecem as melhores cadeiras e as poltronas mais confortáveis. Não me faço de rogado, vou logo me sentando e curtindo o assento, pois a perna realmente incomoda.

Graças a Deus, já faz algum tempo que deixei de procurar os melhores assentos por vaidade ou orgulho, ou por me achar importante. Aliás, essa coisa de me achar importante é algo que consegui superar há algum tempo, pela graça de Deus. Isso produz uma ótima sensação, é como libertar-se de uma prisão.

Anos atrás, eu estava em uma festa, batendo papo com algumas pessoas, pouco antes do almoço. Todos estavam em pé, esperando que o dono da casa indicasse os lugares onde deveriam se sentar. Nesse momento, o pastor Carlos Martins, que estava ao meu lado, lembrou-se de uma parábola de Jesus em que fala sobre os melhores assentos. Jesus contou essa história quando estava em uma festa, na casa de um fariseu importante, ao notar que os convidados corriam à procura dos melhores lugares. Observe o que ela diz:

> *Quando alguém o convidar para um banquete de casamento, não ocupe o lugar de honra, pois pode ser que tenha sido convidado alguém de maior honra do que você. Se for assim, aquele que convidou os dois virá e lhe dirá: 'Dê o lugar a este'. Então, humilhado, você precisará ocupar o lugar menos importante. Mas quando você for convidado, ocupe o lugar menos importante, de forma que, quando vier aquele que o convidou, diga-lhe:*

> *'Amigo, passe para um lugar mais importante'. Então você será honrado na presença de todos os convidados. Pois todo o que se exalta será humilhado, e o que se humilha será exaltado. (Lucas 14:8-11 - NVI)*

Depois de alguns comentários, um dos presentes pergunta "Como vocês acham que Jesus se comportaria se estivesse aqui hoje?", e quem respondeu foi o próprio Carlos, encerrando a conversa: "Ele certamente estaria servindo guaraná aos convidados...".

Voo cego

Vamos falar um pouco sobre impotência e abstinência, começando pela impotência. Quero conduzi-lo ao Primeiro Passo do programa Celebrando a Recuperação. Alguns veem esse passo como um contrassenso, pois ele vai de encontro aos valores da sociedade moderna. É como remar contra a maré. Afinal, você e eu fomos criados para vencer! Em alguns casos, a qualquer preço. Acontece que, para dar esse passo, é necessário aceitar a derrota, ou, como se diz no interior, "deitar com os arreios". Acredite, é isso que dá alicerce.

Para dar o primeiro passo, preciso admitir minha impotência diante de ________________________(preencha esse espaço com: culpa, mágoa, ressentimento, pesar, insegurança, orgulho, timidez, medo, abusos do passado, luto, ciúmes, ódio ou ira, relacionamentos quebrados, perfeccionismo, infidelidade, descontrole financeiro, luxúria, ansiedade, obsessão pelo trabalho, mentira, codependência, compulsão por jogos, compras, comer, ingerir bebida alcoólica, drogar-me etc.).

Quando admito minha impotência, reconheço que sou mais fraco, que não sou capaz de enfrentar os problemas sozinho. Não sei se você sabe, mas isso vem de Deus, aliás, como todos os passos seguintes. Esse passo me diz para esvaziar-me de mim mesmo e deixar Deus ocupar esse vazio. É quando reconheço minha fraqueza que Deus me torna forte. Veja o que diz a Bíblia:

> *Por isso, por amor de Cristo, regozijo-me nas fraquezas, nos insultos, nas necessidades, nas perseguições, nas angústias. Pois, quando sou fraco é que sou forte. (2Coríntios 12:10)*

No entanto, ao admitir minha impotência diante de certas coisas, estou declarando que não tenho forças para lutar contra elas, ou seja, fui vencido por elas. Nesse caso, como vou conseguir me abster de tudo isso?

É como sobrevoar o deserto num voo cego. Ao primeiro sinal, à primeira palavra, ao primeiro pensamento, à primeira garfada compulsiva, ao primeiro gole, à primeira fantasia sexual, ao primeiro acesso de raiva, à primeira agressão, física ou verbal, entro no deserto em um voo cego, em um passo de fé. Só quando reconheço minha impotência e "deito com os arreios", Ele então me fortalece. É aí que começa a sua recuperação. Foi assim também com Moisés, diante do Mar Vermelho, quando Deus disse a ele para falar ao povo para seguir em frente. Deus só abriu o mar quando os primeiros israelitas molharam os pés para dar o primeiro passo. Aquele foi um passo de fé (leia Êxodo 14:19-31).

Como quem dorme no meio do mar

Acabei de ler um trecho do livro de Provérbios de Salomão, de arrepiar os cabelos, especialmente para dependentes químicos como eu. Como ele teria percebido esse lance tão doloroso e ao mesmo tempo tão cruelmente verdadeiro?

> *De quem são os ais? De quem as tristezas? E as brigas, de quem são? E os ferimentos desnecessários? De quem são os olhos vermelhos? Dos que se demoram bebendo vinho, dos que andam à procura de bebida misturada. Não se deixe atrair pelo vinho quando está vermelho, quando cintila no copo e escorre suavemente! No fim, ele morde como serpente e envenena como víbora. Seus olhos verão coisas estranhas, e sua mente imaginará coisas distorcidas. Você será como quem dorme no meio do mar, como quem se deita no alto das cordas do mastro. E dirá: "Espancaram-me, mas eu nada senti! Bateram em mim, mas nem percebi! Quando acordarei para que possa beber mais uma vez? (Provérbios 23:29-35 – NVI)*

Quem controla sua vida?

"Liberdade é poder escolher quem controla você". Atualmente, Deus tem me controlado, ou pelo menos tenho feito o possível para que seja assim. Aprendi que as misericórdias de Deus se renovam todas as manhãs. Dia a dia, só por hoje. Aliás, com Deus tudo é só por hoje. Veja o que diz a oração do Pai-Nosso:

> *Dá-nos hoje o nosso pão de cada dia. (Mateus 6:11 – NVI)*

Amanhã é outro dia. Quando os israelitas, liderados por Moisés, entraram no deserto, o Senhor fez chover pão do céu – o maná, que deveria ser recolhido diariamente. Todo dia, Deus enviava a quantidade de maná suficiente para aquele dia. Não adiantava guardar uma parte para o dia seguinte, ou armazenar, pois no outro ele estaria estragado. O maná só valia para aquele dia – só por hoje.

No meu arquivo de orações diárias, procuro sempre me lembrar de agradecer pelas misericórdias recebidas a cada manhã e pelo maná espiritual. Além disso, entrego minha vida e minha vontade aos cuidados de Deus, principalmente a minha vontade em relação à vida dos outros. Sou tentado a interferir na vida daqueles que me são mais próximos, como minha mulher e meus filhos. É sobre a vida deles que mais interfiro, mais atravesso a música, mais sinto dificuldade em viver e deixar viver.

Veja o que escrevi nesta oração datada de abril de 2010:

> Pai, tenho tido dificuldade para crer, para ter fé. Meu peito está cheio de ressentimentos decorrentes de pequenos aborrecimentos do dia a dia. Quero que meus filhos sejam do jeito que eu quero que eles sejam. Fico com o coração dolorido e o peito apertado por não conseguir que as coisas saiam do meu jeito, por não conseguir ser como o Senhor. Por isso, Pai, quero, de coração, colocá-los em Teu altar, deixá-los aos pés da cruz. Ensina-me a ser instrumento em Tuas mãos, clareia minha mente para que eu saiba discernir a Tua vontade. É o que Te peço, por favor".

Liberdade é poder escolher quem controla a sua vida. Sabe por quê? Porque tem sempre alguém ou alguma coisa querendo controlá-lo. Não tem escapatória. Quer ver alguns exemplos?

Já fui controlado pelo ressentimento. Na minha primeira família, eu era incapaz de controlar os gastos, vivia endividado e, por isso, nunca tinha as coisas que os outros tinham. Invejava as pessoas que levavam uma vida aparentemente normal e ficava ressentido por não conseguir sair daquele aparente beco sem saída.

Já fui controlado por sexo. Durante muito tempo, carreguei um enorme sentimento de culpa por causa desse período da minha vida, mas Deus me libertou desse peso. E Ele me deu isso de graça, eu só frequentei as reuniões e procurei ajudar o próximo.

Já fui controlado pelo álcool. O mais difícil para mim foi reconhecer que algumas pessoas podiam beber, mas eu não, porque tinha problemas. A Oração da Serenidade me ajudou muito nisso. Não se sabe ao certo quem a escreveu originalmente, mas foi implantada em muitos programas de recuperação:

> Concedei-nos, Senhor, a serenidade necessária para aceitar as coisas que não posso modificar, coragem para modificar aquelas que posso e sabedoria para distinguir umas das outras.

Já me deixei controlar por orgulho. Era algo mais forte do que eu, que me mantinha prisioneiro e roubava minha liberdade. Tudo que eu fazia ou falava era para alimentar o meu enorme ego.

Hoje, muitos anos depois de Deus ter me dado uma segunda chance, estou livre da maioria dessas coisas. Peço a Deus todos os dias para Ele me ajudar a sair do centro da minha vida e que Ele ocupe esse lugar. Sei que, se eu me descuidar, logo algum "deusinho" vai assumir esse lugar.

E você, meu irmão, minha irmã, quem controla sua vida?

Anjos e gaivotas

Quando o famoso rabino Abraham J. Heschel sofreu um ataque do coração, seu melhor amigo, Sam, estava ao seu lado. Heschel pediu-lhe para se aproximar e sussurrou em seu ouvido:

– Sam, sou grato pela minha vida, por todos os momentos que vivi e por todos os milagres que vi. Estou pronto para partir. – Após descansar um pouco, ele continuou: – Sam, nunca pedi a Deus que me desse sucesso, sabedoria, poder ou fama. Pedi apenas que Ele me desse a capacidade de me assombrar, e Ele me concedeu.

Uma pessoa sem imaginação ficará cutucando o nariz diante de uma pintura de Claude Monet, mas uma pessoa cheia de assombro ficará em pé tentando segurar as lágrimas. Há algo vindo de Deus ali.

As crônicas celtas contam que os monges que navegavam pelo Atlântico eram capazes de ver os anjos de Deus se erguerem e darem um mergulho, ao mesmo tempo que entoavam uma canção. Para as mentes racionais, o que eles viam eram meramente gaivotas, pelicanos, papagaios-do-mar, cormorões… Os monges, porém, viviam em um mundo em que tudo era visto como manifestação do amor divino, mesmo por aqueles que não tinham a menor capacidade criativa. De que outra forma, pensavam, Deus falaria com eles?

Um dia desses, a moça que trabalha em casa veio até meu escritório, nos fundos da casa, para dizer que meu carro estava aberto e os passarinhos estavam fazendo a maior farra dentro dele. Até cocô eles estavam fazendo! Ela deve ter achado estranho, mas não consegui segurar o riso. Corri até lá, não para espantar os passarinhos, mas para vê-los ali, na maior farra. Tive um momento de assombro. Pensei: *Os marinheiros celtas conseguiam ver Deus se manifestando com seus anjos.* E eu, o que podia ver?

Outro dia, enquanto eu caminhava em volta do lago que fica perto de casa, vi um pescador pegar um peixe até que bem grande, tirar o anzol de sua boca com todo o cuidado e jogá-lo de volta na água.

Nós temos uma cadela da raça Golden, toda branca, enorme e deliciosamente bobona, chamada Meg. Quando ela olha para mim, seus olhos meigos transbordam absurdamente de amor. Você acredita nisso?

Tempos atrás, senti uma mão no meu ombro, era o Catolé, meu melhor amigo, que me perguntou: "Zé, você gostaria de ir comigo a uma reunião? Acho que você está precisando".

Engoli o orgulho e minha vida foi salva.

Como os antigos monges marinheiros celtas, tenho tentado ver Deus no rosto do outro. Nem sempre consigo, mas continuo tentando.

Perdoar não é esquecer

Alguém me procurou certa vez para me dizer que não conseguia perdoar uma pessoa que lhe havia prejudicado, pois ela lhe causara muito sofrimento. E disse ainda que o mal que ela lhe fizera era imperdoável. Depois de algum tempo, aprendeu que só perdoando se livraria do sofrimento e da prisão em que se encontrava. Pediu, então, a Deus que a ajudasse a perdoar, pois relutava em procurar a pessoa. Chegou a fazer algumas tentativas desajeitadas, mas no fundo não queria realmente perdoar.

Um dia, orando em voz alta, disse claramente a Deus:

– Você, que é tão poderoso, por que não me faz perdoar e esquecer tudo isso?

Naquele dia, Deus respondeu:

– Minha filha, perdoar não é esquecer. Se você apenas afrouxar as mãos em volta do pescoço dele, estará começando a perdoar...

Assombro e maravilhas

Ouvi de um pastor a história de um pregador à beira da morte. Ali, naquele leito de hospital, ele chamou seu amigo para que se aproximasse a fim de lhe dizer algo. O pregador então disse ao amigo que, durante toda a sua vida, nunca pediu a Deus sabedoria ou riquezas, mas apenas uma coisa: a capacidade de assombrar-se ou de ser surpreendido por alguma coisa. Ficar assombrado diante de uma obra de arte ou ao contemplar as maravilhas da natureza. Maravilhar-se com a visão de anjos voando em vez de gaivotas. Ficar admirado ao ver as pessoas se relacionando, perceber as manifestações de Deus na vida delas.

Pois algo parecido aconteceu comigo, e me deixou em estado de assombro. Desde um domingo à noite que estou espantado, maravilhado mesmo.

Revi um cara que conheci anos atrás, no tempo em que meus filhos passavam as férias em acampamentos. O acampamento dirigido por ele era, e continua sendo, muito disputado, pois ele, além de acolher crianças e adolescentes, tem um talento especial para lidar com bonecos. Os cultos de louvor a Deus são sempre divertidos e engraçados. Esse rapaz, a esposa e alguns coadjuvantes fazem miséria com os bonecos.

No entanto, o que mais admiro nele é o seu interesse especial pelas pessoas e seu desejo de alcançá-las para Deus. Todas as vezes que nos encontramos, eu fico assombrado ao notar sua amorosa atenção para com os outros e a forte manifestação de Deus em sua vida. Conheço várias pessoas que começaram a se relacionar com Deus levadas por ele.

Outra coisa que me chama a atenção é sua alegria contagiante, sua enorme energia e seu prazer de viver.

Tive o prazer de revê-lo no domingo passado. Maurão – como as pessoas o chamam – está um pouco mais velho, mais alquebrado, mais desgastado, mas continua esbanjando energia. Seu coração permanece cheio de gratidão e está inteiramente voltado para Deus. A presença dele continua despertando nas pessoas o que elas têm de melhor. A igreja estava lotada. Na verdade, o que foi oferecido a Deus naquela noite foi um grande culto em forma de show.

O que mais me causa assombro, porém, é saber que esse sujeito sofre há alguns anos de um tipo raro de câncer nos ossos e isso lhe causa tamanha dor que ele precisa tomar morfina três vezes ao dia para obter algum alívio.

Na madrugada de um sábado para domingo, fui acometido por uma pequena virose. Fiquei dois dias em repouso absoluto, com minha filha me preparando chá, minha mulher fazendo sopa e purê de batatas e meu filho me trazendo as notícias do futebol e das eleições. Minha alegria se foi, e com ela meu prazer de viver também. No domingo à noite, vendo o bom humor e a energia desse meu amigo, primeiro fiquei envergonhado, depois entrei em estado de assombro. Fiquei admirado, maravilhado!

Certa vez, eu estava em processo de recuperação da dependência química há uns cinco anos, quando um recém-chegado aproximou-se de mim e disse:

– Eu quero isso que você tem. O que preciso fazer para conseguir?

Pois agora é a minha vez de dizer:

– Eu quero o que esse meu amigo Maurão tem. O que devo fazer para conseguir?

Beijando a boca torta

Ainda estou com esse assunto de assombro queimando meu coração. Assombro tem a ver com encantamento, espantar-se, maravilhar-se.

Numa manhã de primavera, eu estava saindo de casa para dar uma volta, mas parei assim que cruzei o portão. O flamboyant que a Cecília plantara havia alguns anos estava totalmente florido. Chamei-a para ver de perto, pois ela já estava ficando desanimada com a pobre árvore e ficamos os dois ali parados, olhando, encantados.

Quando conheci a Cecília e percebi que a relação estava ficando séria, achei que devia contar a ela algumas coisas a meu respeito. Comecei assim: "Cecília, preciso lhe contar algumas coisas sobre mim. Tenho quarenta anos, sou cego do olho esquerdo, surdo do ouvido direito, manco da perna esquerda e parei de beber só há alguns meses. Sou alcoólatra".

Deve ter sido um momento de assombro, de grande espanto para ela, mas, mesmo assim, continuamos juntos. Ela topou namorar o que tinha sobrado de mim.

Brennan Manning cita a comovente história de um jovem casal, contada pelo médico Richard Selzer no livro *Mortal Lessons*:

Estou em pé junto ao leito onde jaz uma jovem, seu rosto em pós-operatório, sua boca, retorcida com paralisia, tem um quê de palhaço. Um minúsculo ramo do seu nervo facial, aquele que controla os músculos da boca, foi removido. Ela ficará assim daqui em diante. O cirurgião havia seguido com religioso fervor a curvatura de sua carne, isso eu posso garantir. No entanto, para remover o tumor de sua bochecha, tive de cortar aquele nervinho.

O jovem esposo dela está no quarto. Ele está em pé no lado oposto da cama e juntos eles parecem habitar a luz vespertina da lâmpada, isolados de mim, num mundo particular. Quem são eles? Pergunto a mim mesmo. Olho para aquela boca distorcida que fiz e fico pensando como eles podem olhar um ao outro tão generosamente, com tanta avidez? A jovem me faz uma pergunta:

– Minha boca vai ficar assim para sempre?

– Sim – digo –, vai ficar assim, porque o nervo foi cortado.

Ela assente e silencia. Mas o jovem sorri.

– Eu gosto – ele diz. – Acho muito bonito.

De repente, sei o que ele está dizendo e baixo os olhos. Sem nenhum constrangimento, ele se inclina para beijar a boca torta, e estou tão perto que consigo ver como ele entorta seus próprios lábios para ajustá-los aos dela, para mostrar-lhe que o beijo deles ainda funciona. (Richard Selzer, *Mortal Lessons: Notes on the Art of Surgery*, 1978, pp. 45-46. In: *O evangelho maltrapilho*, p. 108)

Peço misericórdia

Acabei de descobrir que misericórdia em latim é *misericordia* mesmo. Em português ou latim, escuto essa palavra desde criança. Sou do tempo em que as missas eram celebradas em latim. Eu não entendia uma palavra que o padre dizia, passava o tempo todo a ver navios ou pensando na Leia e na Deia, gêmeas da pá virada. Além disso, o cheiro de incenso me enjoava. *Miserere nobis…*

Estudei no Colégio Diocesano. O vice-diretor na época era o padre Ângelo, que, pelo que diziam, sofria de neurose de guerra. Ele exigia que todos os alunos estivessem presentes nas missas e os faltosos recebiam uma notificação na caderneta escolar. Assim, logo que terminava a missa no domingo, o padre recolhia as cadernetas e assinalava a presença de cada aluno. Os que haviam faltado eram punidos com suspensão. Padre Ângelo não tinha misericórdia.

Fui procurar o significado da palavra misericórdia no dicionário e encontrei: indulgência, graça, perdão. Tem tudo a ver com o que escutei em uma pregação: misericórdia é não receber algo de ruim que eu mereço receber.

Por exemplo, um amigo teve que ir com urgência para São Paulo, atender o pai que estava com uma doença grave e precisava ser internado. Como ele mora no interior e só tem um carro, nem se lembrou do sistema de rodízio de carros da capital. Conclusão: foi multado. Resolveu recorrer. Reconheceu que estava errado, mas alegou desconhecimento do rodízio e necessidade de ir a São Paulo naquele dia, sem chances de adiamento. Para concluir o recurso, acrescentou: "Portanto, peço misericórdia".

A palavra tem também o sentido de graça, ou seja, algo que eu não preciso merecer para receber. A graça não depende do meu próprio esforço nem da minha própria força ou do meu merecimento. Eu estava bem longe disso quando Deus me concedeu a graça da sobriedade. Deus teve misericórdia de mim. Usou pessoas desconhecidas para entrarem na caverna onde eu jazia e me levarem de lá. Eu não tinha forças nem poder para sair de lá sozinho. Não tem nada a ver com o que minha primeira sogra me disse, em um dia de muita ressaca, pondo as mãos nos meus ombros: "Zé, você é uma boa pessoa, seu único problema é a bebida".

Não era bem assim. Eu não prestava, traía a mulher, dava cheques sem fundos, andava pelo submundo. Não tinha qualquer merecimento.

Deus não faz trocas nem negociações do tipo "seja bonzinho que você vai para o céu". Ele trabalha com a misericórdia, com a graça. Já faz alguns anos que tenho visto Deus manifestar a sua graça todas as semanas. Eu mesmo já fui usado por Deus para entrar em cavernas onde outros jaziam. Alguns saíram de lá comigo; outros, por mais incrível que pareça, preferiram ficar por lá, no mundo sombrio das drogas, do álcool, da depressão, da angústia, do ressentimento, da falta de perdão.

Ultimamente, tenho pedido a Deus que tenha misericórdia de mim na minha velhice: que eu não sofra muito nem dê muitos vexames. Veja você como somos poderosos, pois nem isso a gente controla!

Faz de mim o que quiseres

Abba, abandono a mim mesmo em suas mãos. Faz de mim o que quiseres. (Brennan Manning, no livro *O Evangelho Maltrapilho*)

Tenho um arquivo implacável no Word no qual escrevo diariamente minhas orações. Demorei a me acostumar, mas hoje sou muito grato por isso. Por exemplo, dez minutos atrás comecei a me sentir um pouco mais ansioso do que o normal, com aquele famoso "medo de nada e de tudo". Pensei em largar o que estava fazendo e ir para a rede, ruminar besteiras. Em vez disso, porém, consegui ir para o arquivo do Word. Veja o que pedi e ele me concedeu (tanto concedeu que estava aqui, escrevendo este texto, ainda um pouco ansioso, mas produzindo): "Pai, preciso muitíssimo do Seu amor e da Sua misericórdia; ajude-me só por hoje. Estou me sentindo um pouco 'pra baixo', por isso Lhe peço: faça com que eu me sinta bem novamente, como só o Senhor sabe fazer".

Se você der uma olhada nas orações que escrevi nesses últimos dias em meu arquivo, vai entender o motivo da minha preocupação. Tenho colocado tantas condições e limites para o meu envelhecimento que dá para perceber que desejo ser uma espécie de Peter Pan – um velho perfeito, com corpinho e cara de vinte anos e nenhum problema de saúde além dos que já tenho, pois esses não têm mais jeito. Sou manco da perna esquerda, surdo do ouvido direito, cego do olho esquerdo e tenho as mãos trêmulas pelo tanto de álcool e drogas que consumi. Veja o que ando solicitando: "Queria muito ficar aqui, aos pés da cruz, confortado e em paz. Pai, por favor, livra-me de dar trabalho na velhice, de falar bobagens, de ter que usar fraldas, de precisar ser carregado pra lá e pra cá".

Sei que não é errado pedir essas coisas, afinal a Bíblia não diz que Deus sempre inclina os seus ouvidos para ouvir o nosso clamor? No entanto, como conciliar isso com a frase do começo do texto: "*Abba*, abandono a mim mesmo em suas mãos. Faz de mim o que quiseres".

Não sei o que dizer. Apesar da perspectiva apavorante dessa frase, confesso que ela me dá certo alívio. Às vezes, passo o dia com medo do que poderá me acontecer, afinal estou naquela idade em que começam a aparecer complicações no coração, na cabeça, "aquela" doença etc. Peço então a Deus para não ter nada, para passar batido, em brancas nuvens, e, como minha fé às vezes vacila e não consigo sentir confiança no taco de Deus, passo o dia sofrendo.

Ao mesmo tempo, sinto-me também aliviado porque acho que o Brennan está certo, esta é a ideia que Jesus Cristo quis passar no Sermão da Montanha: "*Abba*, abandono a mim mesmo em suas mãos. Faz de mim o que quiseres".

Queria muito ser um velho feliz, mas me parece que não posso impor condições. E se eu tiver que ser carregado pra lá e pra cá, ou precisar usar fraldas? Como poderei ser feliz assim?

Li também que o sinal da intensidade da fé tem a ver com o grau de confiança que tenho em Deus.

Sou maltrapilho e tenho a auréola torta. Às vezes acho um pouco difícil crer que Deus me ama incondicionalmente. Sabe o que li também? Se Deus deixar de me amar, Ele deixa de existir.

Sou maníaco-depressivo

Deus não escolheu grandes mestres para tratar o alcoolismo. Ele escolheu os próprios bêbados para curarem-se uns aos outros. Eles, juntos, tornam-se mais fortes do que cada um sozinho. Deus faz escolhas estranhas e, muitas vezes, desconcertantes, para se tornarem seus parceiros. Jesus escolheu seus apóstolos entre pessoas simples, incultas, que acabaram mudando todo o curso da história. Lieberman, um grande missionário do século XIX, era uma pessoa extremamente depressiva, que não conseguia atravessar uma ponte sem sentir a compulsão de se jogar dali. "Mas Deus escolheu o que para o mundo é loucura para envergonhar os sábios, e escolheu o que para o mundo é fraqueza para envergonhar o que é forte".

O Terceiro Passo diz que eu devo entregar minha vida e minha vontade aos cuidados de Deus. Por isso eu sei que só estou aqui, transformado, pela graça.

Atualmente, sou um ex-bêbado maníaco-depressivo. Também tenho dificuldade para atravessar pontes. Às vezes fico pensando se não seria mais fácil se eu sofresse um "infarto amigo", bem light – sem dor, é claro.

A única coisa que eu sei é que um dia Deus voltou os olhos para mim e me tirou da caverna onde jazia. Saí dali acompanhado por pessoas enviadas por Ele. Não procuro compreender mais nada. Por que eu? A explicação para essa pergunta está muito acima do meu pobre entendimento. O que sei é que estou caminhando em direção à cruz. Ele tem colocado pessoas no meu caminho e me ensinado a manter as mãos estendidas. Logo eu, uma pessoa mal-humorada – não é à toa que as pessoas me chamam de doutor House...

Ouvir as pessoas contarem seus problemas, exporem suas feridas, e compartilhar minhas próprias feridas – é isso que mantém minha sanidade. Só assim paro de pensar besteiras e consigo atravessar pontes e pontes só curtindo a paisagem. Hoje posso dizer que sinto um pouco o gosto da alegria de andar com Jesus.

Já estive, somente pela graça de Deus, em muitas cavernas onde encontrei pessoas que jaziam ali por muitos e muitos anos. Muitas saíram de lá, refizeram suas vidas e hoje vivem bem. Outras tantas ficaram por lá, algumas morreram, outras dormem nas sarjetas, com a enxurrada varrendo seus rostos. Deus não esclarece porque isso acontece. E eu não preciso de esclarecimentos para ter fé em Deus. A minha fé é cega.

Envelhecer não tem sido fácil. É difícil olhar no espelho todas as manhãs e saber que dali para frente, as coisas só vão piorar, tanto no aspecto físico como emocional. Nessas horas, volto a ser o maníaco-depressivo e penso nas pontes. Às vezes me surpreendo ao perceber que não tenho naufragado espiritualmente; ao contrário, tenho me aprofundado em Deus. Sinto que estou chegando mais perto da cruz.

Antes de terminar este texto, você deve estar curioso para saber qual é a assinatura de Jesus. É simples: é uma cruz.

Vivendo de amor

Fui até a Vila Mariana, em São Paulo, de táxi, é claro! Ainda não havia perdido minha mania de grandeza. Entrei no elevador, apertei o botão do terceiro andar. Estava tenso como uma corda de violino, talvez pela possibilidade de conhecer minha possível sogra ou porque sabia que, no momento em que eu apertasse a campainha daquele apartamento, estaria assumindo um compromisso. Na verdade, estava louco para me comprometer, irremediavelmente. Meus planos de nunca mais me casar e tentar pegar todas as mulheres do mundo estavam indo rapidamente por água abaixo.

Era o nosso primeiro encontro. Só para arrumar coragem de convidá-la para sair foi um parto. Trabalhávamos juntos, e já fazia um bom tempo que a gente conversava pelos corredores. Sempre que tinha uma chance, eu ia até o setor onde ela trabalhava, com a desculpa de tomar café. Ultimamente estavam acontecendo umas estranhas e inexplicáveis "coincidências", como almoçarmos juntos no bandejão da empresa ou irmos embora ao mesmo tempo. Acho que as amigas delas ficavam me vigiando e depois passavam as informações para ela...

Foi com a desculpa de tomar um cafezinho que topamos um com o outro no corredor e ficamos frente a frente. Ela então me olhou com aqueles enormes olhos azuis e eu dei uma balançada. Conversamos por um bom tempo, ali mesmo, e foi logo nessa primeira conversa que eu disse a ela assim, sem mais nem menos: "Sabe, eu sou alcoólatra, estive internado até recentemente, estou sem beber e trabalhando nesta agência há apenas cinco meses".

Voltando ao nosso primeiro encontro, quando o elevador parou no terceiro andar, desci, respirei fundo e apertei a campainha. Ela abriu a porta, linda, toda arrumada e perfumada. Fomos até a garagem do prédio, e ela então me deu a chave do carro para que eu dirigisse. Quase tive um infarto! Olhei o carro, era um "fusca" azul. Olhei em volta, acho que havia ali uns duzentos carros apertados uns contra os outros. Pensei: *Não vou nem conseguir sair da vaga...*

O fato é que naquela noite aconteceu um milagre. Não só saí da garagem como fiz uma baliza superapertada, em uma subida no bairro do Bixiga. Com o fusca.

Fomos até uma cantina onde tocavam chorinhos. Pedi suco de laranja. Odeio suco de laranja, mas não sabia o que pedir para beber. Não lembro o que ela pediu, só sei que os olhos dela brilhavam. Algumas vezes, enquanto conversávamos, nossas mãos se tocavam e ao darmos risada nossos rostos ficavam perigosamente perto um do outro. No momento em que alguém começou a tocar *Carinhoso* em um cavaquinho maravilhoso, nossos rostos se aproximaram, eu então respirei fundo e a beijei. Na boca. Quase tive outro infarto.

Era o dia 12 de outubro. Dia das Crianças.

Passaram-se trinta anos. Já comemos muitos quilos de sal juntos, enfrentamos muita dor, doenças, mortes, dificuldades. Sempre juntos. No meio de nossa caminhada, passamos a viver a três: Deus juntou-se a nós. Até nosso encontro com Ele aconteceu ao mesmo tempo, no mesmo dia.

Hoje, estamos passando por um momento bem difícil aqui em casa, atravessando um deserto, por assim dizer. A Cecília está com graves problemas de saúde, mas, apesar de tudo, estamos muito bem. Só por hoje. Deus tem caminhado à nossa frente, nos conduzindo, pastoreando, limpando nossas feridas, parando em águas de descanso, enchendo nossos cálices a ponto de transbordar. E, assim como Ele guiou os israelitas no deserto, Ele tem nos guiado feito uma coluna de nuvem de dia e uma coluna de fogo durante a noite.

Todo dia tem sido como aquele primeiro encontro. Redescobrimos o gosto daquele primeiro beijo. Estamos vivendo, literalmente, de amor.

A visita dos quatro pastores

Há uma linda história recontada a cada Natal nas florestas de Provença, no sul da França. É sobre quatro pastores que foram a Belém para ver de perto o menino Jesus. O primeiro levou alguns ovos; o segundo, pão e queijo; o terceiro, vinho; o quarto... bem, o quarto simplesmente não levou nada. As pessoas o chamavam de L'Enchanté.

Os três primeiros passaram um bom tempo conversando com Maria e José, comentando como Maria estava com boa aparência, como a caverna estava aconchegante e como José a havia mobiliado tão bem. E que bela noite estrelada era aquela! Parabenizaram os pais orgulhosos, entregaram seus presentes e garantiram que, se precisassem de mais alguma coisa, bastava pedir-lhes. Eles já estavam se despedindo, quando alguém perguntou:

– Onde está L'Enchanté?

Procuraram por toda parte, de um lado a outro, dentro e fora da estrebaria, até que finalmente alguém olhou para a manjedoura e viu ali, ajoelhado aos pés do bebê, L'Enchanté. Como uma bandeira ou uma chama que toma a direção do vento, ele tinha tomado a direção do amor. Por toda a noite, ele permaneceu ali, sussurrando:

– *Gesù, Gesù, Gesù...*

Não corra atrás do vento

Assim como você não conhece o caminho do vento […] também não pode compreender as obras de Deus […]. (Eclesiastes 11:5 – NVI)

O QUE EU DESEJO PARA VOCÊ E PARA MIM é que a gente não dê mais tanta importância a todas essas coisas de que vivemos correndo atrás, pelas quais tanto lutamos, pelo grande poder que você e eu achamos que temos. Que a gente aprenda a deixar de lado todo esse vaivém, esse puxa e estica, essa maneira louca como você e eu vivemos nossa vida fugaz. Que a gente pare de correr atrás de ricos haveres, de reconhecimento, de títulos, e de achar que somos muito importantes. Que deixemos de lado toda ansiedade, todo nervosismo, toda preocupação em saber se o dinheiro vai dar, se meus filhos vão ser como eu gostaria.

Afinal, depois que eu estiver morto e enterrado, quem irá me contar o que está acontecendo por aqui, debaixo do Sol, sem a minha ilustre presença? Se depois que eu morrer o São Paulo for campeão mundial novamente, como poderei saber?

Na cidade onde moro há muitos condomínios. Muitos que moram ali já realizaram seus sonhos: uma casa bonita para morar, uma vida financeira finalmente estabilizada, vários carros e motos reluzentes na garagem, quadros de artistas famosos etc. Enfim, conquistaram as merecidas mordomias pelas quais tanto lutaram e se esforçaram, e usufruem agora de melhor qualidade de vida, do canto dos pássaros pela manhã, do ar puro, das caminhadas para queimar o colesterol ganho nos churrascos, da segurança. Alguns até ultrapassaram os próprios sonhos.

Descobri, porém, que não há nada debaixo do Sol – as mulheres mais lindas e sensuais, as maiores conquistas materiais, o Honda Civic dourado com que eu sonho, o dinheiro ferozmente poupado apenas por amor ao dinheiro, prestígio e reconhecimento – que possa me satisfazer plenamente e preencher esse vazio no meu peito. Sabe por quê? Esse vazio é o lugar de Deus no meu coração. Sem Deus, a vida não tem sentido. Fomos criados à imagem e semelhança Dele, e temos cravado no peito o anseio pela eternidade.

> *[...] [Deus] pôs no coração do homem o anseio pela eternidade [...]. (Eclesiastes 3:11 – NVI)*

Por isso, pegue leve e curta muito. Não se leve tão a sério, a vida é apenas um sopro. Cuidado com a língua. Use-a somente para edificar. Ame a Deus acima de tudo, e ame também o seu próximo. Descobri que não há nada melhor para o homem do que praticar o bem e ser feliz. Viva a vida intensamente ao lado de quem você ama. O resto? É correr atrás do vento...

Dissonância

O Evangelho de João conta a história de um rabino, Nicodemos, que procurou Jesus à noite, para conversar. O texto não diz por que ele o procurou *à noite*. Teria sido na calada da noite? Às escondidas? Talvez por vergonha de procurá-lo às claras, já que se tratava de um líder religioso bastante conhecido? Por ter se esforçado para compreender as palavras de Jesus e se entristecido por não entender o significado desse "nascer de novo", Nicodemos talvez estivesse realmente muito preocupado com a profunda dissonância que percebia em si mesmo com relação à forma como as pessoas o viam, um rabino de prestígio, e a forma como ele mesmo se via.

Tenho um amigo que durante muitos anos foi uma pessoa no trabalho, outra diferente em casa, outra nas nossas reuniões e outra quando estava na igreja. Acho que só Deus sabia quem realmente ele era, pois ele mesmo já não sabia mais quem era de fato, só de forma muito distorcida.

Profunda dissonância.

Entre a adolescência e a vida adulta usei tantas máscaras que minha vida tinha até fundo musical, como nos filmes. As pessoas sempre me viram com muitas reservas. Enorme era a dissonância entre a maneira como os outros me viam e a maneira como eu mesmo me enxergava.

Mudei de vida há trinta anos, e me tornei cristão há quinze. Hoje, as pessoas me veem como um velho mentor apaixonado por Deus, meio resmungão, mas digno de confiança e sempre pronto a ajudar quem quer que seja.

E eu, como me vejo hoje? A dissonância ainda existe, mas a imagem que as pessoas têm de mim já não é mais tão diferente da que eu tenho de mim mesmo. Esse confronto não me faz mal, pois estou em um ponto da jornada que me toca de forma particularmente agradável. Penso, penso, penso e não consigo enxergar nenhum cantinho da minha vida que não esteja debaixo da luz. Fico surpreso quando percebo que não tenho mais compartimentos secretos. Logo eu! Alguns deles foram abertos pelo poder da graça e da confissão, como a luxúria e o ego inchado. Outros, como as mentiras e os enganos, foram abertos à força, ou revelados graciosamente por Deus àqueles que me são mais íntimos. Por amor ou pela dor, isso não importa. O importante é que agora tudo que sou está debaixo da luz.

Pela graça de Deus.

AINDA QUE EU FALE A LÍNGUA DOS ANJOS

O AMOR É UM SENTIMENTO, mas não é apenas um sentimento. O amor é, em primeiro lugar, um compromisso.

Aquele sentimento fortíssimo, avassalador, que o faz achar que seu coração vai sair pela boca quando está junto da pessoa amada, e que chega a doer o peito de saudade quando estão longe, aos poucos vai sumindo, sumindo... Você pode até achar que o amor está acabando, mas eu aprendi que é nessa hora que ele está começando. Estou falando do amor verdadeiro, firmado pelo compromisso.

Entre a fé, a esperança e o amor, "o maior de todos é o amor". O amor é paciente, é bondoso. Onde existe amor não pode haver inveja, vanglória ou orgulho. A paciência não é um sentimento, a bondade não é um sentimento, a humildade não é um sentimento. Não ter inveja nem querer ser mais que o outro é compromisso. É isso que acontece depois de alguns anos juntos, se você seguir a trilha certa. E a trilha certa está por aí, em todas as esquinas, em todos os corações; virou um clássico, virou *cult*. Ou você nunca ouviu uma das canções mais famosas do Renato Russo, *Monte Castelo*, cuja letra foi inspirada na primeira carta do apóstolo Paulo aos Coríntios?

Ainda que eu fale as línguas dos homens e dos anjos, se não tiver amor, serei como o sino que ressoa ou como o prato que retine. Ainda que eu tenha o dom de profecia e saiba todos os mistérios e todo o conhecimento, e tenha uma fé capaz de mover montanhas, mas não tiver amor, nada serei. Ainda que eu dê aos pobres tudo o que possuo e entregue o meu corpo para ser queimado, mas não tiver amor, nada disso me valerá. O amor é paciente, o amor é bondoso. Não inveja, não se vangloria, não se orgulha. Não maltrata, não procura seus interesses, não se ira facilmente, não guarda rancor. O amor não se alegra com a injustiça, mas se alegra com a verdade. Tudo sofre, tudo crê, tudo espera, tudo suporta. (1Coríntios 13:1-7)

PARTE II

Os Doze Passos e Deus

Os Doze Passos e as igrejas

Os Doze Passos, escrito por Bill Wilson tiveram sua primeira edição publicada em 1939. Tem origem na medicina e em cinco princípios dos grupos religiosos Oxford. Esse programa deu tão certo que, atualmente, o A.A. está em mais de noventa países, com cerca de cinco mil grupos só no Brasil. Com base nesses mesmos Doze Passos, existem várias centenas de outras denominações, como Emocionais Anônimos, Narcóticos Anônimos, Dependentes de Amor e Sexo (DASA) etc. Tem até um grupo em um hospital de pacientes terminais dos Estados Unidos, cujo nome é Grupo Faça Seu Dia de Hoje Valer a Pena. Como disse o sábio Gamaliel, referindo-se a Jesus e aos seus seguidores: "Se esse empreendimento for de Deus, não há como abortar ou segurar". Isso vale para o A.A.

A partir de 1950, os Doze Passos começaram a ser utilizados nos Estados Unidos em hospitais e clínicas de reabilitação, como técnica terapêutica. No Brasil, o uso profissional dos Doze Passos começou na década de 1970 e firmou-se a partir de 1984, com a chegada da rede Vila Serena, e o superintendente Jonh Burns. Outros pioneiros em nosso país foram Donald, com a Reindal, Carlos Barcelos, e doutor

Sérgio de Paula Ramos, no Hospital Mãe de Deus, em Porto Alegre. Hoje, praticamente todas as melhores clínicas de reabilitação em todo o mundo têm como base de tratamento os Doze Passos.

Os Doze Passos somente chegaram às igrejas como parte integrante delas na década de 1990, com John Baker, alcoólatra em recuperação e pastor, e Rick Warren, da igreja de Saddleback, na Califórnia, pastor e autor do famoso livro *Uma Vida com Propósitos – Você não está qui por acaso*, que vendeu milhões de exemplares. Rick Warren, quando foi apresentado aos Doze Passos, exclamou: "Meu Deus, como esse tesouro ficou escondido das igrejas durante cinquenta anos?!".

Em sua igreja, com os Doze Passos de A.A. começou o programa Celebrate Recovery, hoje com cerca de quatro mil frequentadores todas as sextas-feiras. Esse programa cresceu muito nos Estados Unidos e em outros países, incluindo o Brasil, aqui com o nome de Celebrando a Recuperação. Por causa de minha vivência com a prática dos passos em minha própria reabilitação e por ter me tornado cristão, desde 2004 participei da implantação do Celebrando em algumas igrejas em torno de minha cidade, Vinhedo. Hoje, ainda presto serviços ao Celebrando no encargo de Velho Resmungão, aquele que fica sentado lá atrás, resmungando, fazendo muxoxos de desagrado e balançando a cabeça negativamente.

Série Celebrando a Recuperação

Esta parte do livro é inteiramente dedicada a uma série de dez textos relacionados ao ministério Celebrando a Recuperação. No primeiro, apresento o programa e nos demais conto um pouco da minha experiência pessoal em relação a cada passo e cada um dos oito princípios expostos por Rick Warren no lançamento do Celebrate Recovery nos Estados Unidos. Tudo que relato aqui foi obtido por meio de um duro aprendizado pessoal. Somos todos discípulos no Celebrando a Recuperação, movidos pelo Espírito de Deus. A única coisa que pedimos àqueles que entram em nossas salas é que nos sigam, pois estamos seguindo o Eterno. Pelos mesmos caminhos empoeirados, calçando as mesmas sandálias, vestindo os mesmos mantos. Como os cristãos do primeiro século, nos reunimos nas casas, nas igrejas, ou às margens do Rio Jordão. Repartimos o pão, repartimos nossas lutas, repartimos nossa vida...

> *Ora, assim como o corpo é uma unidade, embora tenha muitos membros, e todos os membros, mesmo sendo muitos, formam um só corpo, assim também com respeito a Cristo. (1Coríntios 12:12 – NVI)*

Os Doze Passos foram escritos em 1935 originalmente pelos Alcoólicos Anônimos, que optou por não preservar os direitos autorais. Eles foram doados para a humanidade. Dezenas de outras irmandades surgiram com o mesmo programa. Eis algumas dependências que podem ser tratadas, inclusive no ministério Celebrando a Recuperação:

COMPULSÃO (TRABALHO/COMIDA/COMPRAS) – RELACIONAMENTOS DESTRUTIVOS / MULHERES QUE AMAM DEMAIS – DEPENDÊNCIAS (JOGO/ÁLCOOL/DROGAS/ HIPOCONDRIA) – NECESSIDADE DE CONTROLE – PERFECCIONISMO – MENTIRA – ÓDIO/IRA – MEDO/ANSIEDADE – LUXÚRIA – PROCRASTINAÇÃO (DEIXAR PARA DEPOIS) – CODEPENDÊNCIA (VIVER A VIDA DE OUTRA PESSOA) – INSEGURANÇA – CULPA – ABUSOS DO PASSADO – MÁGOAS/RESSENTIMENTOS – AMOR E SEXO – DEVEDORES – DEPRESSÃO

Sou dependente de álcool. E você?

Álcool e drogas estão no topo da lista das dependências, sem dúvida alguma. Há, porém, muitos outros comportamentos que se transformam em verdadeiras prisões e, o que é pior, são socialmente aceitos e motivo de conversas bem-humoradas dos próprios prisioneiros, integrando-se ao dia a dia dos que são bem ajustados na comunidade e nas igrejas. Indivíduos assim nunca desmoronam completamente, como acontece nos casos de alcoolismo e dependência de drogas, e como aconteceu comigo. Nunca me canso de agradecer a Deus pela minha completa derrota, pois foi sobre ela que Deus me deu os instrumentos para fincar os alicerces desta nova vida que tenho vivido há trinta e três anos. Nos demais casos, as pessoas passam a vida inteira sofrendo, já que o compulsivo e os que convivem com ele minimizam a dependência, de modo a ser bem-aceito socialmente. A vida dos dependentes é como uma gangorra, com ocasionais e enganosas "vitórias" e frustrantes recaídas. Você sabe do que estou falando, não sabe? Estou me referindo às compulsões, aos comportamentos compulsivos, às dependências e às doenças da alma.

Já fui dominado pela compulsão por álcool e drogas, e saí desse buraco por um caminho extraordinário, mas não foi nada fácil. Livrar-se de qualquer compulsão é sempre muito difícil. Uma das principais razões para essa grande dificuldade é que a dependência é mais forte do que nós mesmos. Ela nos domina e nos mantêm prisioneiros de tal modo que nossa "força de vontade" nada pode contra ela. Não temos como nos defender dela. Além disso, há um grande e terrível preconceito sobre o assunto. As pessoas costumam dizer: "Esse cara é fraco, não tem força de vontade". Se não dizem, certamente pensam, sobretudo dentro das igrejas. Para ter uma ideia da dificuldade, leia o testemunho a seguir, que eu li na internet, de uma mulher que sofre com uma dependência:

> Tenho trinta anos, mas a compulsão pela comida se manifestou desde cedo. Desde os nove ou dez anos que eu vivia pedindo "um pedacinho" do lanche dos meus colegas na escola. Em casa sou a irmã mais velha e quando meus pais saíam para trabalhar eu ficava responsável pela casa. No almoço, cabia a mim servir meus irmãos e eu ficava com as porções maiores, sob a alegação de que "tinha o estômago maior, já que era mais velha"; Depois de formada deixei totalmente de lado minha religião e saí em busca de fama, prestígio e dinheiro. O que eu ganhava dava para pagar médicos, nutricionistas e até um *personal trainer*. Tudo que eu queria era ter o "corpo perfeito". É claro que isso nunca aconteceu, e o vazio existencial, emocional e espiritual era cada vez mais profundo. Hoje tenho um corpo saudável e me sinto muito bem.

> Participo de um grupo e fui presenteada por Deus com um programa para toda a vida.

Hoje, não sinto a mínima vontade de beber. Você pode pôr uma garrafa de uísque debaixo do meu nariz que não terei nem arrepios. Perdi a identificação com o "Zé Roberto" que tinha que beber para poder viver. Tive uma parente, portadora de diabetes, que escondia doces da mesma maneira que eu escondia garrafas. Os filhos dela encontravam balas, tabletes de chocolate e bombons nos lugares mais improváveis, como debaixo do colchão ou nos vãos atrás das gavetas. Era uma pessoa maravilhosa, que teve uma participação decisiva na minha vida. Apesar de viver uma vida totalmente devotada a Deus, nunca conseguiu vencer essa dificuldade, pois era algo mais forte que ela.

A codependência ou desejo de viver a vida de outra pessoa é outro problema encontrado nos grupos. É comum ouvirmos as pessoas dizerem: "Não sei dizer não", "Nem sei mais do que gosto, só sei do que ele gosta", "Não sei mais o que quero, só sei o que ele quer", "Não sei mais o que sinto, só sei...".

Tenho uma ótima notícia para aqueles que sofrem de compulsões ou dependências. Trata-se do programa Celebrando a Recuperação, ou Celebrate Recovery, do qual eu participo aqui em Vinhedo. Veja o que diz Rick Warren, a respeito disso:

> Todos precisam de recuperação, a menos que você esteja vivendo uma vida perfeita. Mas se você não tem vivido uma vida perfeita, se você tem se sentido ferido, se você alguma vez teve alguma compulsão ou um hábito do qual gostaria de se livrar, então você precisa de recuperação.

Do que preciso me recuperar? A boa notícia é essa: não importa qual seja o seu problema, você precisa de recuperação, seja ela emocional, financeira, relacional, espiritual, sexual. Não importa também do que você precisa se recuperar, os passos para a recuperação são sempre os mesmos. Sim, eles são sempre os mesmos passos.

Os princípios para a recuperação se encontram na Bíblia, que é o manual original de recuperação. Em 1935 alguns homens redigiram, com base nas Escrituras, o que hoje é conhecido como os "Doze Passos dos Alcoólicos Anônimos", usado por centenas de outros grupos de recuperação além dos A.A. Nos Estados Unidos, 20 milhões de pessoas frequentam semanalmente um dos grupos de recuperação. Atualmente, existem cerca de 500 mil grupos diferentes de recuperação. A base de tudo é a Palavra de Deus.

Resumi os Doze Passos do programa de recuperação em oito princípios, que correspondem aos oito passos a serem dados no caminho para a recuperação. Há dois mil anos, Jesus subiu em uma colina para pregar o maior sermão já pregado, que ficou conhecido como Sermão da Montanha. Jesus inicia esse sermão apresentando os oito passos, ou oito princípios, para a felicidade. Chamamos esses oito princípios de "As Bem-aventuranças".

Enquanto eu preparava esta série de mensagens, fiquei surpreso ao perceber a tremenda similaridade entre os passos para a recuperação e as Bem-aventuranças. De fato, quando você olha para elas, descobre que as Bem-aventuranças que Jesus deu há 2000 anos são simplesmente um resumo dos passos para a recuperação...

Tenho curtido muito essas notícias, porque estou nesse processo de recuperação há muitos anos e tenho muitas histórias para contar. Na verdade, praticamente tudo o que escrevi nesses últimos anos diz respeito a esse processo, às peripécias dessa difícil, cansativa, mas muitíssimo prazerosa caminhada de contínua reconciliação entre as pessoas e delas com Deus. Procuro não esquecer – mas às vezes acabo esquecendo – a fórmula repetida frequentemente pelo meu pastor: "Mais amor por Deus + mais amor pelo próximo = crescimento espiritual".

Este é o primeiro de uma série de textos sobre os Doze Passos e as bem-aventuranças. Peço a Deus para que você me acompanhe nessa jornada. O texto a seguir diz respeito ao primeiro princípio ou Primeiro Passo: "Bem-aventurados os pobres de espírito". Aqueles que sabem que são espiritualmente pobres admitem sua impotência e se rendem.

Eu me rendi, "pois quando sou fraco é que sou forte"

1º PASSO — Admitimos ser impotentes perante nossas dependências, comportamentos compulsivos e defeitos de caráter, e que tínhamos perdido o domínio sobre nossas vidas.

PRIMEIRO PRINCÍPIO: reconheço que não sou Deus. Admito que sou impotente para controlar minha tendência de fazer as coisas erradas e que a minha vida está fora de controle.

Conheci um sujeito por volta de 1985. Intelectual, falava várias línguas, tinha diversos diplomas e morava no elegante bairro dos Jardins, em São Paulo. Era, como eu, claramente dominado pelo alcoolismo e pelas drogas, só que tratava a questão com certo *fair play*, tentando achar uma desculpa para tudo através de seu brilhante raciocínio. Falava bem, era convincente na sua loucura. Uma vez, tentou praticar os passos sem deixar de beber; numa outra, tentou fazer a mesma coisa usando drogas. Depois de uma ou duas semanas, porém, sofria uma recaída e voltava a beber e a consumir drogas. Não conseguia ficar sóbrio nem limpo. Perdi-o de vista durante algum tempo para voltar a encontrá-lo anos depois, em setembro de 1999, na porta de uma igreja em São Paulo. Dei-lhe um abraço, ele estava envelhecido, acabado, o corpo arqueado, e aparentemente não sabia bem quem eu era. Perguntei como ele estava em relação às drogas. Respondeu que tinha sofrido uma recaída uns vinte dias atrás, e que estava na mesma, ora no álcool, ora nas drogas. Morava de favor nos fundos da igreja. A conversa era a mesma – "Agora vai dar certo, cara" –, embora desgastada pelo tempo e pela frustração. Uma das lembranças mais fortes que tenho dele é do sentimento de onipotência, visível nos seus olhos mesmo nos momentos de lágrimas, arrependimentos, novas quedas ou pretensa humildade.

Para dar o primeiro passo você precisa se render, "deitar com os arreios", como se diz aqui no interior, reconhecer que errou, admitir sua dependência. Consultei o dicionário para ver o significado de "admitir" e descobri que é sinônimo de sentir ou experimentar uma sensação física ou moral. Moral diz respeito ao domínio espiritual, portanto "admitir" pode ter um sentido espiritual, como uma espécie de despertar espiritual.

> *De dia e de noite sentia a mão de Deus pesando sobre mim, fazendo com as minhas forças o que a seca faz com um pequeno riacho. O sofrimento continuou até que admiti minha culpa e confessei a Ti o meu pecado [...]. (Salmos 32:4-5 – Bíblia Viva)*

Nos primeiros dias sem beber eu perambulava pela cidade, sempre sozinho; às vezes entrava em alguma igreja, desde que estivesse vazia. Gostava da penumbra, da paz e do silêncio que havia ali. Parecia que os barulhos de minha cabeça diminuíam um pouco e os enormes pesos do passado que eu carregava ficavam mais leves.

Certa ocasião, eu estava em uma igreja, e ao pôr as mãos no bolso encontrei uma folha de papel amarfanhada, que costumava trazer comigo, com uma cópia da Oração da Serenidade, pedindo *serenidade* para aceitar as coisas que não podem ser mudadas, *coragem* para mudar as que devem ser mudadas, e *sabedoria* para saber a diferença entre elas. Curtia muito essa oração, mas não fazia a mínima ideia de como distinguir uma coisa da outra. Minha sabedoria era zero. Sabe o estulto de que a Bíblia fala? Era eu. Naquele dia, porém, naquele lugar, meio que escondido atrás de uma coluna, um pensamento atravessou minha mente como um raio: *Zé, você tem que aceitar que não pode beber!*

Talvez isso lhe pareça uma grande tolice, mas para mim foi um verdadeiro bálsamo, a primeira trinca no muro de concreto que cercava meu coração. Minha rendição foi muito sofrida, principalmente por causa do meu orgulho. Cheguei a pensar que não conseguiria sair do buraco, que não haveria chance de recuperação para mim. Veja o que diz Bill Wilson em seu livro homônimo ao programa dos Alcoólicos Anônimos.

> Raramente temos visto fracassar uma pessoa que cuidadosamente seguiu o caminho dos passos. Os que não se

> recuperam não podem ou não querem se entregar completamente a este programa simples. São pessoas, homens ou mulheres, incapazes de ser honestas com elas mesmas. Existem tais desafortunados. São, por natureza, incapazes de desenvolver um modo de vida que requeira rigorosa honestidade.

Faço um parêntesis aqui para falar um pouco sobre orgulho e onipotência. Em uma de minhas internações, a única numa clínica particular de alto nível, pelas imediações da Granja Julieta (São Paulo), eu me sentia um "pau-d'água" elegante e intelectualizado. O psiquiatra-chefe antecipou a minha alta e se despediu de mim com o seguinte comentário: "Zé Roberto, acho que você nunca vai conseguir parar de beber. Você é muito orgulhoso".

O doutor Carlos Barcelos, escritor e ex-diretor da Clínica Vitória, costuma dizer o seguinte: "A neurose da onipotência é talvez a mais impressionante de todas as características do alcoólatra, do drogado e do dependente". Os dicionários mencionam duas expressões que definem o significado de onipotência: "eu posso tudo" e "eu sou Deus".

O programa Celebrate Recovery ensina que para dar o primeiro passo para a recuperação você precisa entender a origem do seu problema. A origem está em querer ser Deus, ou seja, você quer ter controle sobre a sua vida. Quanto mais inseguro você se sente, mais controle deseja ter. Quanto maior a sua insegurança, mais desejará ter controle sobre si mesmo, sobre as outras pessoas e sobre o seu ambiente. Queremos ter controle sobre a nossa imagem, sobre o que as pessoas pensam de nós, pois não queremos que elas nos vejam como realmente somos – nesse sentido, sou a própria negação: não tenho problemas, não tenho medo, não estou preocupado, não estou com raiva etc. Queremos também ter controle sobre a vida de outras pessoas: pais querem controlar a vida dos filhos, filhos querem controlar os pais; maridos querem controlar as esposas e elas os maridos. As ferramentas que usamos para obter esse controle são, entre outras: culpa, ira, medo, raiva, elogio, silêncio. Alegamos ter controle de nossos problemas, com afirmações do tipo: "Bebo quando quero, paro quando quiser", "Posso lidar com isso sozinho", "Falando sério, estou bem". Muitas vezes, adotamos uma atitude crítica, julgadora ou irada para tentar esconder nossa dor.

Admitir é render-se, é "deitar com os arreios", é reconhecer-se incapaz, é confessar-se derrotado, é saber que a dependência é mais forte do que você.

> *[...] Deus se opõe aos orgulhosos, mas concede graça aos humildes. (Tiago 4:6 – NVI)*

Deus concede graça aos humildes, aos que se rendem. Se você fizer isso, será feliz. Talvez você me pergunte como acontece essa rendição, em que circunstâncias ou lugar, e eu lhe respondo: dentro do grupo.

> *Pois, onde se reunirem dois ou três em meu nome, ali eu estou no meio deles. (Mateus 18:20 – NVI)*

Caro leitor, nós dois juntos somos mais fortes do que você e eu sozinhos. Quando estou sozinho, a dependência é mais forte que eu, é o meu espinho na carne. A Bíblia diz que "[...] o mal que não quero fazer, esse eu continuo fazendo" (Romanos 7:19 - NVI). Deus não quer que eu me tranque no quarto, sozinho, e tente fazer uma "ligação direta" com Ele. Deus quer que eu me recupere junto com o meu próximo. Quando estou ao lado de pessoas com dependências semelhantes às minhas, admito minha fraqueza e encontro forças. É Deus quem fortalece o grupo. Sabe por quê? Porque Ele diz que devemos "amar o próximo". Deus quer ver esse amor colocado em prática. Ele quer que eu lave os seus pés e que você lave os meus. Veja o que Ele disse aos seus discípulos:

> *Pois bem, se eu, sendo Senhor e Mestre de vocês, lavei-lhes os pés, vocês também devem lavar os pés uns dos outros. (João 13:14 - NVI)*

É assim que funciona. A atitude deve ser recíproca. Devo lavar os pés dos outros, mas preciso deixar também que lavem os meus. Deus quer que eu tenha coragem de tirar meus sapatos velhos e encardidos e oferecer os meus pés sujos e cheios de feridas para serem lavados. Quero dizer que você precisa se expor, contar os seus segredos ao grupo, falar da sua dor, da sua impotência, da sua derrota diária. Hoje, não me envergonho de dizer a quem quiser ouvir que sou um alcoólatra, pois esse é o primeiro passo. É sobre essa rendição e sobre a admissão dessa derrota que estão assentados os alicerces desta nova vida que tenho vivido há tantos anos.

Fico maravilhado diante desse aparente paradoxo de Deus: quando reconheço minha derrota recebo dele a vitória. O velho homem foi derrotado, agora preciso despir-me dele e revestir-me do novo.

Mas então basta participar de um grupo e se expor para que o primeiro passo, a rendição, aconteça em seu coração? Eu diria que sim. Se você está pronto para admitir sua derrota, de coração puro, Deus vai agir e intervir. Só mais uma coisinha... Nesse processo, há a parte de Deus e a sua parte. A sua parte é entrar em abstinência, evitar o primeiro gole, o primeiro uso de droga, a primeira palavra que agride ou machuca, o primeiro pensamento destrutivo e assim por diante. Deus não vai segurar seu braço ou sua língua. A parte de Deus é lhe dar forças para ficar em abstinência. Ele precisa apenas de um querer no seu coração.

Você com certeza sabe o que é "domínio próprio", mas o que talvez não saiba é que se trata de um presente do fruto do Espírito. Pois é por meio do domínio próprio que você precisa mostrar a Deus que quer ser restaurado. Mas cuidado! Domínio próprio não pode ser confundido com força de vontade. Minha força de vontade me levou para o brejo. Estou falando de boa vontade, de fé, de deixar de lado minhas compulsões, mesmo morrendo de vontade, e oferecer esse sacrifício a Deus e ao grupo, diariamente, crendo que Ele vai me trazer libertação.

Como já afirmei, hoje não sinto a mínima vontade de beber nem de usar drogas. Em 1992, perdi um filho de vinte e quatro anos. Sofri demais, mas não senti nenhuma vontade de beber durante os quatro dias em que ele esteve em coma, no hospital. Deus me livrou dessa compulsão através do programa dos Doze Passos.

Para terminar, quero mencionar só mais uma coisa: esse programa não é para ser colocado em prática apenas uma vez na vida. Não é algo para ser praticado durante alguns anos ou deixado para mais tarde. É para ser usado hoje. Só por hoje. Assim como diz a oração do Pai-Nosso: "Dá-nos hoje o nosso pão de cada dia". É só por hoje, companheiro. É só por hoje, companheira.

O PASSO DA ESPERANÇA

2º PASSO

Viemos a acreditar que um Poder Superior a nós mesmos poderia nos devolver a sanidade.

SEGUNDO PRINCÍPIO: acredito, de todo o coração, que Deus existe, que Ele se importa comigo e que tem o poder de me ajudar em minha recuperação.

COMECEI A SUSPEITAR QUE EU NÃO ERA UM FAMOSO BOÊMIO como imaginava, ou um grande poeta da noite, quando acordei em um hospital, certa manhã, todo remendado, e dei de cara com uma manchete do jornal *Notícias Populares*, que dizia: "Bêbado derruba poste e deixa o bairro de Sacomã às escuras". Fiquei indignado. Como "bêbado"? Por que não escreveram "famoso boêmio?". Depois desse episódio, continuei bebendo e usando drogas por mais cinco anos, em uma jornada ladeira abaixo, caminhando firmemente para o buraco, do alto da minha prepotência. Nem as internações em hospitais psiquiátricos conseguiram abater meu orgulho, minha prepotência do tipo, "deixa comigo".

Naquela época, eu me sentia o próprio Deus, o Poder Superior.

Uma das fortes lembranças dos meus primeiros tempos em abstinência foi uma dica de uma amiga, que me disse para me ajoelhar quando chegasse em casa e dizer a Deus que, mesmo não acreditando nele, precisava de Sua ajuda. Esse gesto é o começo da entrega, é o Terceiro Passo; se fugir dele, você volta para o buraco.

A partir daí, parei de querer dirigir a minha vida só pelo poder da minha vontade. As portas foram se fechando, uma a uma. Noite após noite eu repetia aquele mesmo pedido diante do Senhor: "Preciso da Sua ajuda, me tire desse buraco, não aguento mais". Eu ainda não sabia, mas Deus já estava enviando pessoas para me tirar da caverna onde eu jazia e me levar com eles. Foi por meio do exemplo delas, que, como eu, haviam estado na caverna e agora estavam ótimas, que Deus colocou em meu coração um fio de esperança. Foi ela que me sustentou naqueles primeiros tempos em que eu cruzava o deserto da abstinência: um fio de esperança.

> *Quando você atravessar as águas profundas [grandes dificuldades] eu estarei com você; quando você atravessar os rios [problemas difíceis] eles não o encobrirão. Quando você andar através do fogo [sofrimentos e perseguições] não se queimará, as chamas não o deixarão em brasas. Pois eu sou o Senhor, o seu Deus. (Isaías 43:2 – NVI)*

Um dia você vai ter que se encontrar com Deus. Sabe por quê? Pelas seguintes razões:

1. Para não voltar a beber e a usar drogas, para se libertar da luxúria, para deixar de lado as atitudes autodestrutivas e parar de sentir pena de si mesmo, para se livrar do ressentimento.
2. Para deixar de ser o centro de sua vida e ceder o lugar a Deus (veja onde você foi parar quando era você quem ocupava o centro de sua vida e agia de acordo com sua vontade...).
3. Para você não colocar outro deus no lugar de Deus, como orgulho, sexo, dinheiro, perfeccionismo, compulsão por comida, trabalho etc.
4. Porque Deus é uma questão de vida ou morte para os dependentes químicos, e de vida medíocre para os codependentes.

Veja o que diz este trecho da palestra de Rick Warren sobre o Segundo Passo:

> A questão é a seguinte: quanto mais você adia a sua dor, mais distante fica a sua recuperação. Quanto mais você negá-la ou adiá-la com a desculpa de que isso não é importante e que você pode resolver tudo sozinho, menos tempo terá nesta terra para ser tudo o que Deus planejou que você fosse. Algumas pessoas, quando sentem uma dor intensa por causa de um problema presente, prendem-se ao passado e, em vez de lidarem com o problema

> atual, focalizam toda a sua vida no passado, entrando no que chamo de "paralisia da análise", sempre procurando encontrar o que estava errado com elas no passado. É como dirigir um carro olhando somente pelo espelho retrovisor. O espelho retrovisor é útil porque ele nos dá uma perspectiva. Olhar para o passado oferece uma perspectiva, mas, se olharmos apenas para o passado, correremos o risco de não viver o presente. É como dirigir um carro com um espelho retrovisor maior do que o para-brisa. Muitas pessoas são assim. Estão presas ao passado e são incapazes de viver o presente. E aqueles que vivem no passado tendem a repeti-lo.

Essa "paralisia da análise" pode ser entendida da seguinte forma: imagine que você está montado em um cavalo e ele de repente se descontrola e sai em louca disparada. O que você faz? Tenta descobrir por que ele disparou ou dá um jeito de descer do cavalo?

Meus caros, tudo que falei até agora foi sobre o desenvolvimento do Segundo Passo em um dependente que, quando se ajoelhou, não acreditava em Deus nem sequer conseguia pronunciar o Seu nome.

Ouço falar que o cristão precisa ser uma pessoa íntegra com Deus. Íntegra no sentido de inteira. Sou quase íntegro com Deus, quase inteiro. Ainda restam alguns espinhos na carne, pequenos deuses sem expressão, mas que possuem a mesma força fatal de deuses como o álcool e as drogas. Não desisto, porém, de caminhar atrás de Jesus pelas estradas poeirentas de Jericó, sandálias resistentes nos pés, manto nos ombros para proteger do frio da noite. No coração, quase todas as promessas de Deus cumpridas em mim. E, no brilho dos olhos, não mais um fio, mas um mar de esperança.

> *Eu amo ao Senhor porque Ele me ouviu quando lhe fiz a minha súplica. Ele inclinou os seus ouvidos para mim [...]. (Salmos 116:1-2)*

ENTREGAR É FAZER APENAS A MINHA PARTE

Bem-aventurados os humildes, pois eles receberão a terra por herança. (Mateus 5:5 – NVI)

3º PASSO

Decidimos entregar nossa vida e nossa vontade aos cuidados de Deus.

<u>TERCEIRO PRINCÍPIO</u>: conscientemente escolho confiar toda a minha vida e minha vontade aos cuidados e controle de Deus.

LEMBRO-ME VIVIDAMENTE DE UMA CENA transcorrida tempos atrás. Toda a família estava reunida em volta da mesa de jantar e eu insistia para que o Lucas, então com oito anos, engolisse uma cápsula de vitamina. Como ele não conseguia, a situação estava ficando cada vez mais complicada, até que chegamos a um impasse. Foi nesse momento que ele me pediu para esperar um pouco, baixou os olhos e fez uma oração.

Em seguida, pegou um pedaço de pão, tomou um gole de suco e, calmamente, engoliu a cápsula.

No sufoco com o pai bravo, ele resolveu colocar a situação nas mãos do Pai maior. E Deus o acalmou. Era e ainda é comum vê-lo fazer isso no dia a dia. Quando ele foi para a escola, teve alguns medos que refletiram em outras atividades e provocaram uma acentuada baixa de rendimento no futebol, que praticava na escolinha do Zé Sérgio. O próprio Zé chegou a comentar que estava preocupado com o Lucas, pois ele andava meio sumido dos treinos e jogos e parecia assustado. Com a ajuda da mãe, porém, ele resolveu tomar algumas providências. A principal: todas as quartas e sextas, antes de se vestir para ir ao futebol, ele orava (nessa época, ele orava em voz bem alta, a casa inteira ouvia): "Papai do Céu, vai calçando a chuteira aí que hoje *nóis* têm treino". Toda quarta e sexta, o Lucas entregava os seus medos a Deus.

Certa vez, os discípulos de Jesus entraram em uma discussão para saber qual deles seria o maior. Jesus então chamou uma criança, colocou-a no meio deles e disse:

> *[...] Eu lhes asseguro que, a não ser que vocês se convertam e se tornem como crianças, jamais entrarão no Reino dos céus. Portanto, quem se faz humilde como esta criança, este é o maior no Reino dos céus.* (Mateus 18:3-4 – NVI)

Trata-se de uma fé limpa, incondicional, sem dúvidas.

Alguns anos mais tarde, no final de 1999, um médico me disse que provavelmente eu teria que fazer uma nova cirurgia na perna esquerda. Desde que comecei a ter problemas com essa perna, esta seria a quarta cirurgia. Saí do consultório sentindo um frio na barriga, e lembrei-me do meu filho e de sua fé incondicional. Meio desajeitadamente, ali mesmo no carro, orei em voz alta e pedi a Deus forças para deixar tudo por conta Dele, para eu parar de me preocupar com esse assunto de cirurgia, afinal nem médico eu sou.

Quando terminei de orar, senti-me muito reconfortado e de bem com a vida. Até parei para tomar um sorvete. Meu nível de ansiedade baixou para quase zero. Na manhã seguinte, acordei tranquilo e passei boa parte do dia totalmente envolvido com um pequeno serviço que estava prestando para a igreja.

Em 1983, eu estava há um ano sem beber, quando fui assistir a uma palestra sobre o Terceiro Passo. Terminada a palestra, foi aberto um espaço para perguntas, e eu então questionei:

– Como eu faço para me entregar? Faço um pacote, endereço para Deus e pronto?

Veja você em que escuridão eu vivia. Fiz a pergunta a sério, até um pouco irritado, já que não tinha a menor ideia de como fazer para entregar. O preletor tentou me explicar de várias maneiras, mas, de tudo que ele disse, o que me ficou na cabeça foi:

– Zé, você só tem que fazer a sua parte, que não é muita coisa. A parte maior é com Deus, você não tem com que se preocupar.

– E qual é a minha parte? – insisti.

– É não esticar o braço para pegar o copo e tomar um trago. Deus não vai amarrar sua mão nem tapar sua boca. É você que tem que segurar a sua língua, não acessar aquele site pornô, não ferir os outros com suas palavras, coisas assim. Na dúvida, lembre-se da Oração da Serenidade.

A primeiríssima coisa que aprendi sobre a oração, dois meses depois que parei de beber e de usar drogas, foi que eu tinha que *aceitar* que não podia beber. Quando essa verdade entrou em meu coração, eu estava dando o primeiro passo para entregar a Deus minha vida e minha vontade de beber e de usar drogas.

A segunda coisa que aprendi foi sobre pessoas. Entendi que preciso aceitar as pessoas exatamente como elas são e, mais do que isso, amá-las. Isso inclui *todas as pessoas*, desde os mais chegados até o meu pior inimigo. Preciso me armar de coragem e fazer a minha parte, aquilo que me cabe fazer, o resto é com Deus. Só Ele pode me transformar com Sua força e Seu poder.

Quando não consigo entregar alguma coisa a Deus, sofro muito. O futuro dos meus filhos sempre foi a minha maior preocupação. Como o Lucas não gostava muito de estudar, eu me pegava planejando a vida dele, detalhadamente, até ele completar vinte e quatro ou vinte e cinco anos. Ele só tinha treze anos e eu antevia um futuro sombrio para ele, acordava de madrugada imaginando tragédias que nunca aconteceram, graças a Deus, mas sofria por não entregar a vida dele a Deus. Hoje, percebo que todo esse sofrimento foi à toa, porque creio que Deus tem um plano para a vida dos meus filhos. Muitas vezes esquecemos que a vontade de Deus é soberana e planejamos tudo de acordo com a nossa vontade. Deus já está conduzindo o caminho deles: Lucas participa ativamente do grupo de adolescentes da igreja e tem qualidades para liderança, exercendo uma influência benéfica sobre os mais novos; e Mari dá aulas para crianças de três a cinco anos na escola bíblica dominical, e adora o que faz. A vontade de Deus é perfeita.

Quando fazia pouco menos de um ano que eu estava sóbrio, recebi um pedido de ajuda para conversar com um dependente químico que estava afundando rapidamente e levando a família junto. Fiquei apavorado. Nunca havia feito isso antes. Passei a noite em claro, pensando no que dizer. No dia seguinte, a pessoa que me acompanhava disse algo que nunca mais me esqueci:

– Zé, você não está indo lá para dar conselho nem lição de moral. Vai contar a sua história, a sua luta para sair do buraco. A recuperação é problema dele, é responsabilidade dele. E de Deus. Você só tem que fazer a *sua parte.*

Desde então, tenho procurado fazer apenas a minha parte. Quando consigo, é uma maravilha, fico em estado de graça. Pena que nem sempre é assim, especialmente em casa, com as pessoas que são mais próximas a mim. Às vezes quero ser pai, mãe, marido e esposa de todo mundo, não sobra espaço nem para a Tatá, nossa cachorrinha cocker.

Tenho consciência de que a minha história tem ajudado muitas pessoas. Na verdade, sou apenas uma pessoa, entre milhares de outras, que está em processo de recuperação e tem procurado ajudar aqueles que sofrem com compulsões, dependências ou pecados, como você preferir. Os que se encontram na minha situação podem ajudar porque podem dizer: "Eu sei em que buraco você está porque já estive lá, sei o que você está sentindo porque já senti isso. Ouça, vou lhe contar como eu saí desse buraco e como estou agora".

Aqueles que como eu contam suas histórias não se preocupam em saber se os que ouvem saíram ou não do buraco em que se encontram. Isso é problema deles com Deus. Nós somos apenas os mensageiros.

Para mim, isso é entrega, e é também um tesouro de valor inestimável. Rick Warren soube captar isso e trazer para as igrejas por meio do programa Celebrate Recovery. Não há professores nesse programa. Todos os participantes do grupo estão em pé de igualdade. Ali, conto a todos minha própria história, não a dos outros. A recuperação de cada um é um problema pessoal. Cada um é responsável por si. No grupo, as pessoas aprendem praticando. Repetindo: no grupo somos todos iguais.

Novamente, para mim, isso é entrega. Eu sou apenas o mensageiro, portanto não fico sofrendo com o que não é de minha responsabilidade, como a recuperação do outro.

Tenho participado ativamente desse trabalho na minha igreja, procurando sempre fazer apenas a minha parte. Creio que Deus me colocou ali para que eu pudesse contar minha história. Ele não desperdiça nenhuma dor. A única coisa que eu preciso fazer é me sentar no meio deles e contar a minha. É o que tenho feito. Sento-me lá e a narro. Em seguida vem outro e conta a dele. Eu me ajoelho e lavo seus pés. Ele vem e lava os meus. Assim, juntos, vamos restaurando um ao outro. Não importa quanto tempo faz que você saiu da sua caverna ou eu da minha.

Para terminar, tudo o que vimos até agora pode ser resumido de uma forma muito rica, em apenas algumas palavras:

PRIMEIRO PASSO	<u>EU NÃO POSSO</u>
SEGUNDO PASSO	<u>DEUS PODE</u>
TERCEIRO PASSO	<u>SE EU DEIXAR</u>

Libertando-me das máscaras

Bem-aventurados os puros de coração, pois verão a Deus. (Mateus 5:8 – NVI)

4º PASSO — Fizemos minucioso e destemido inventário moral de nós mesmos.

5º PASSO — Admitimos perante Deus, perante nós mesmos e perante outro ser humano a natureza exata de nossas falhas.

QUARTO PRINCÍPIO: abertamente analiso e confesso todas as minhas falhas a mim mesmo, a Deus e a alguém de minha confiança.

Tempos atrás, participei de um seminário no programa Celebrando a Recuperação. Quando o preletor começou a falar sobre o Quarto e o Quinto Passos, ouvi coisas duras como: "O tamanho de sua dificuldade em confessar seu segredo a outro ser humano é exatamente o tamanho de seu compromisso com a sua máscara"; ou "Você é tão doente quanto seu pior segredo".

Eu costumava dizer que bebia "socialmente". Numa mesma noite, eu percorria vários bares, tomava umas duas ou três doses em cada um, "socialmente", então olhava preocupado para o relógio e comentava com o garçom: "Bem, deixa eu ir embora, que a patroa está me esperando para o jantar".

Quando eu chegava ao décimo bar, já estava escorregando para debaixo da mesa, mas isso não tinha importância. Uma bela manhã, acordei por volta das sete e meia da manhã e percebi que havia dormido na rua, de terno e gravata, perto de uma pilha de tijolos, em uma travessa da Avenida Ibirapuera, em São Paulo. Muita gente passando, dia útil, e eu ali, limpando a roupa, ajeitando a gravata, morto de vergonha. Depois que dobrei a esquina, entretanto, tudo voltou ao normal, pois as pessoas que tinham me visto naquela situação não estavam mais ali. Não importava o quanto eu estava destruído por dentro, e sim a minha máscara.

E isso não acontecia só nas ocasiões em que eu estava sob o efeito de álcool ou drogas. Houve um tempo em que trabalhei no Rio de Janeiro e minha primeira família vivia em Mogi das Cruzes. Eu ia para casa nos fins de semana, parava em Arujá e minha ex-esposa ia me buscar. Certa ocasião, um passageiro do ônibus me ofereceu carona até Mogi (um carro em Arujá o esperava por ele). Pois bem, passei a viagem inteira falando de mim e do grande executivo que eu era. Quando já estava perto de casa, a situação se complicou porque o motorista, muito gentil, resolveu me deixar na porta da minha residência. Pois você sabe o que eu fiz? Pedi para ele me deixar em frente a uma das casas mais bonitas do bairro. Ele ficou impressionado. Desci do carro e fiquei parado em frente a ela, feito uma múmia, esperando ele dobrar a esquina para então seguir a pé. A casa onde eu morava até que era boa, mas ficava em uma rua de terra, sabe como é...

O que você acabou de ler é um pequeno trecho do meu Quarto Passo. Enquanto eu escrevia, voltei ao passado, para aquele Zé Roberto que tinha que beber para viver e um dia teve um confronto consigo mesmo e com Deus. Ao contar essa história para alguém de minha absoluta confiança, um padrinho ou parceiro espiritual, terei um confronto com outro ser humano, e porei em prática o Quinto Passo.

> *Por isso, não posso ficar calado. Estou aflito, tenho de falar, preciso me queixar, pois o meu coração está cheio de amargura. (Jó 7:11 – NTLH)*

Esse passo fala que eu preciso fazer um "destemido" inventário moral, custe o que custar.

[...] Seja forte e corajoso! Não se apavore, nem desanime, pois o Senhor, o seu Deus, estará com você por onde você andar. (Josué 1:9 – NVI)

Para dar o Quarto Passo você precisa escrevê-lo, porque, se não fizer isso, quando chegar ao Quinto Passo você vai manipular e torcer os fatos a seu favor. Além disso, o ato de escrever é também o momento em que você se confronta consigo mesmo e com Deus.

Mas o que é preciso fazer para dar o Quarto Passo? A fórmula mais comum, indicada por profissionais que trabalham em clínicas, é contar sua história dividindo-a em períodos de cinco anos. Focalize apenas os fatos, relate a história simplesmente, sem fazer comentários. Não procure se justificar ou apontar culpados.

Pessoas envolvidas com outras compulsões, como eu, e que tentaram se recuperar por meio dos passos elaboraram um inventário que inclui alguns males da alma, como ressentimentos, medos, danos sexuais e outros danos. Para criar seu próprio inventário, divida uma folha de papel em quatro colunas. Na primeira, escreva no alto dela: "Tenho ressentimento de..."; na segunda, coloque as "Causas"; na terceira coluna escreva: "Como me afeta"; na quarta, "Defeitos de caráter".

Na primeira coluna, você deve escrever os nomes das pessoas por quem guarda algum tipo de ressentimento; na segunda, descreva o que originou esse ressentimento; na terceira, como você foi afetado por ele (por exemplo, na sua autoestima, em seu orgulho ou inveja, em suas relações pessoais, segurança material ou emocional, em suas relações sexuais ocultas etc.); na quarta coluna, indique o defeito de caráter ou pecado que causou aquela situação (qual a sua parcela de culpa). Como exemplos de pecados ou defeitos de caráter, você pode considerar os sete pecados capitais e também egoísmo, desonestidade, falta de consideração, entre outros.

Para montar um inventário que inclui medos, danos sexuais e outros danos, é só alterar os títulos: "Tenho medo de...", "Causei danos sexuais a...", "Causei outros danos a...".

Para muitas pessoas, o Quarto Passo é aquele em que você descobre quem era o cara que teve que beber ou usar drogas para viver. No tempo em que eu bebia, não foram poucos os que me perguntaram: "Zé, por que você bebe desse jeito?".

Não lembro quais eram as minhas desculpas ou manipulações – um amigo certa vez me contou que dizia para a mãe que bebia por causa da esposa, e, para a esposa, que bebia por causa da mãe; assim todo mundo ficava satisfeito e ele podia beber sossegado –, mas, no íntimo, eu havia perdido a esperança e pensava: *Não sei por que bebo desse jeito. Mas não vai adiantar nada saber o motivo.*

O fato é que eu bebia e usava drogas porque tenho uma doença que atualmente está sob controle. É como sofrer de diabetes – não tem cura, mas pode ser controlada.

Trata-se de uma doença física, mental e espiritual, uma alergia física aliada a uma obsessão mental. O resto é conversa fiada de pau-d'água. Bebia pelos motivos mais contraditórios: porque tinha trabalhado muito ou porque o dia seguinte era feriado; porque minha sogra estava passando uns dias em casa ou porque ela tinha ido embora; porque minha filha estava doente ou porque ela tinha sarado; quando o meu time ganhava ou quando perdia. Hoje, quando alguém comenta perto de mim "Por que será que fulano bebe tanto?", lembro-me da história do cavalo que tomou o freio nos dentes e saiu em disparada e sem rumo, estrada afora. Para o cavaleiro, pouco importava saber por que o cavalo havia disparado, o que o preocupava era fazê-lo parar.

Quando tomei conhecimento do programa de Doze Passos, tratei de descer do cavalo. Fiquei bem quieto, deitei com os arreios, parei de beber e de usar drogas ou remédios. Então, Deus começou a agir em minha vida. Lentamente, passo a passo, conforme eu ia permitindo. A meu ver, o programa de Doze Passos não está preocupado com o *porquê*, mas com o *quem*: quem é esse cara que precisa beber desse jeito para viver? Daí a importância do Quarto Passo. Você precisa fazer o seu inventário moral e enxergar claramente *quem* você é, com suas falhas e defeitos, para depois confessar tudo isso a alguém de sua confiança.

Resumindo: primeiro você desce do cavalo, ou seja, reconhece a sua impotência, depois aceita a existência de Deus e entrega sua vida a Ele. Os três primeiros passos podem ser resumidos na frase: *Eu não posso, Deus pode, se eu deixar*. A partir daí, você sai em busca de si mesmo. É nesse ponto que você precisa escrever a sua história. Faça um inventário minucioso e destemido de sua vida e de sua conduta, desde a infância. Procure seguir um roteiro, focalizando os fatos, sem comentários. Lembre-se: não é para comentar a vida. É para *contar* a vida. O que importa são os fatos, pois é por meio deles que vai perceber o momento em que seus instintos naturais tomaram conta de você e se transformaram em defeitos de caráter, desvios de conduta, ou pecados. Você precisa descobrir em que momento seus instintos, dados por Deus, se desvirtuaram. Em que momento sua dignidade pessoal se transformou em orgulho, sua autodefesa em ódio ou ira, suas aspirações em inveja, sua necessidade de descanso em preguiça, seu instinto sexual em luxúria e lascívia.

Com esse inventário, você vai reconhecer os frutos do orgulho, a autopiedade e os ressentimentos, e enxergar em detalhes o que você se recusou a ver até agora: quem realmente você é e por que tem que beber para viver. Sabe por que isso é importante? Para poder se livrar de quem você era, despir-se do velho homem e revestir-se do novo homem (Efésios 4:22-24). Ao fazer isso, vai entender por que a sua vida não deu certo e que de nada adiantará somente parar de beber.

Concluído o Quarto Passo, agora é a vez de colocar em prática o Quinto Passo: a confissão. Para isso, é preciso escolher uma pessoa de absoluta confiança, um padrinho ou parceiro espiritual, que seja do mesmo sexo que você, para não ter perigo de "misturar as estações". O ideal é que ela faça parte do grupo Celebrando, ou que tenha afinidade com o programa de recuperação. É recomendável repetir esses passos, mesmo durante o período de sobriedade. Leia, a seguir, o testemunho de um ex-adicto de álcool e drogas ao praticar pela primeira vez o Quinto Passo:

> Finalmente sentamo-nos para, juntos, fazermos o Quinto Passo. A noite começava a surgir lá fora, o café estava pronto, meu padrinho olhou para mim e disse:
> – Qual é o pior item de sua lista? O que você, mais do que qualquer outra coisa, preferiria não me contar?
> Eu havia dito que queria conseguir a qualquer custo o que aqueles caras tinham – e queria mesmo. Então, respirei fundo e contei a ele o maior, o mais profundo, o mais tenebroso segredo de minha vida, aquele do tipo que se leva para o túmulo. Senti um rubor quente de vergonha, mas ele simplesmente sorriu e disse:
> – Pronto, o pior já passou. O resto agora é fácil.
> Nas horas que se seguiram, eu contei a esse homem a total, nua e crua verdade sobre quem eu sou, todas as minhas podridões e perversidades, medos, frustrações e falhas, para que ele e Deus vissem realmente quem sou eu. E, como ele havia compartilhado comigo as suas experiências, pude sentir que nada do que eu havia feito era tão terrível ou imperdoável. Quando terminamos, respiramos aliviados, e a primeira e mágica sensação

que aflorou em meu íntimo foi a de que eu não estava mais sozinho. E de fato eu não estava mais só. Comecei a sentir a liberdade da qual meu padrinho falava. Soube então, nesse momento, que estava na direção certa, que esse era o caminho de Deus.

Examinemos e submetamos à prova os nossos caminhos, e depois voltemos ao Senhor. (Lamentações 3:40 – NVI)

EU ME PRONTIFICO E HUMILDEMENTE ROGO

Bem-aventurados os que têm fome e sede de justiça, pois serão satisfeitos. (Mateus 5:6 - NVI)

6º PASSO — Prontificamo-nos inteiramente a deixar que Deus removesse todos esses defeitos de caráter.

7º PASSO — Humildemente pedimos a Deus que removesse todos esses defeitos de caráter.

<u>QUINTO PRINCÍPIO</u>: peço, humildemente, que Deus remova meus defeitos de caráter e, voluntariamente, submeto-me a cada mudança que ele queira fazer em minha vida.

AS MUDANÇAS INTERIORES NÃO CAEM DO CÉU em uma bandeja de prata. Nem acontecem enquanto observo os erros dos outros ou fico fazendo cobranças a minha esposa, filha, vizinho, patrão, empregado ou ao motorista do carro ao lado. Por sinal, conheço bem os motoristas da cidade onde moro e posso dizer com segurança quais são exatamente aqueles que dirigem bem e quais os que dirigem mal. É claro que o melhor motorista sou eu!

As mudanças só começam a acontecer quando olho firmemente para dentro de mim e tento enxergar os meus defeitos de caráter e os meus pecados, e não os dos outros. Preciso respirar fundo e fazer uma espécie de inventário moral de tudo que está dentro de mim, para depois, de posse desse conhecimento, fazer um relatório detalhado de tudo que vi a Deus. Em seguida, preciso orar pedindo a Ele para remover as falhas, consertar os erros e perdoar os pecados. Preciso também confessar tudo isso a outro ser humano, alguém de minha confiança, de preferência meu parceiro espiritual, tal como a Bíblia diz que devo fazer.

Agindo assim, estou me prontificando, permitindo a mudança e demonstrando que desejo realmente mudar. Deus nada fará se eu não me prontificar. Quando me escondo de Deus ou procuro me justificar alegando que "Eu nasci assim, eu cresci assim, vou ser sempre assim", como diz a música, não estou me prontificando, nem permitindo, nem querendo; portanto, nada vai acontecer. Eu mesmo sou a pedra de tropeço para minhas mudanças.

Um dia, alguém me disse o seguinte: "Zé, fica esperto, ninguém deixa de beber bebendo".

Isso me fez enxergar também que ninguém deixa de ser orgulhoso sendo orgulhoso, assim como não deixa a luxúria em meio à luxúria, ou a gula comendo compulsivamente, ou a inveja "invejando o outro", ou o espírito crítico criticando, ou a fofoca fofocando. Preciso me prontificar, do fundo do coração. Mas o que faço com aqueles pecados que reluto em deixar? Um grande amigo, Chicão, me deu a dica: "Zé, nesses casos você primeiro pede a Deus para 'querer querer'".

> *Pois é Deus quem efetua em vocês tanto o querer quanto o realizar, de acordo com a boa vontade dele. (Filipenses 2:13 - NVI)*

Deus só vai atender meus pedidos quando eu me prontificar. O evangelho segundo Lucas (11:9-10 – NVI) não deixa dúvidas quanto a isso:

> *Por isso lhes digo: Peçam e lhes será dado; busquem e encontrarão; batam, e a porta lhes será aberta. Pois todo o que pede, recebe, o que busca, encontra; e àquele que bate, a porta lhe será aberta.*

Deus é meu pai e, como tal, se compraz e se comove com meu pedido e com meu esforço sincero.

As mudanças interiores começarão a acontecer quando eu parar de xeretar a vida dos outros e passar a olhar para o pecado que está dentro de mim. Quando eu, humildemente, rogar a Ele para me livrar dos meus pecados, das minhas imperfeições. Este é o Sétimo Passo, o passo da humildade.

O que preciso fazer para me tornar humilde? Prontificar-me, praticar a humildade. Como? Por exemplo, ajudar a servir, embora lá no fundo prefira ocupar um lugar de honra. Talvez nas primeiras vezes você faça isso esperando que as pessoas notem o quanto é humilde, mas depois, com o tempo, Deus tocará o seu coração e você terá prazer em servir, com um coração humilde.

O que é humildade? Já encontrei várias definições, mas a melhor de todas para mim é "amar primeiro":

> *Nós amamos porque Ele [Deus] nos amou primeiro. (1João 4:19 – NVI)*

Preciso caminhar no sentido de amar aquele que martela o prego na minha mão, como Jesus fez, ou amar aquele que está me apedrejando, como fez Estêvão.

Se eu agir assim, com humildade, serei feliz, e essa é uma das recompensas de Deus. A famosa felicidade, cantada em prosa e verso, misteriosa e tão ansiosamente buscada, a ponto de ser confundida com o barato da cocaína, é o que eu alcanço se amar primeiro. Amar primeiro ou amar antes, não "desde que...". Simples assim. É isso que irá me fazer feliz e me deixar leve, quase flutuando, livre do peso da canga que venho arrastando penosamente por toda a vida, carregada de ressentimentos, autopiedade, culpas, medos, mentiras, orgulho, compulsões, dependências...

O que é preciso fazer para amar primeiro? Treinar, meu caro, minha cara, você precisa treinar.

Quer um exemplo? Gosto muito da minha sogra, e tenho grande admiração por ela. Gosto primeiro, incondicionalmente. Aqueles que me conhecem há mais tempo poderão dizer que já era hora, afinal estou casado com a filha dela há vinte anos, sem contar o tempo de namoro. No entanto, não foi sempre assim. Tivemos algumas dificuldades de relacionamento no início, ou pelo menos eu tive, por causa de algumas coisas que eu fazia, por imaturidade ou mesmo por certa implicância de minha parte. Todas as vezes que vamos à casa dela, em Santos, ela fica preocupada com o tempo. Se, por acaso, o tempo está nublado ou chovendo, ela se chateia, como se fosse culpa dela. E quando o dia está ensolarado, ela nos recebe com grande entusiasmo e passa a tarde comentando como o dia está bonito, como se isso dependesse dela. Bem, sabe o que eu fazia? Diante da vibração dela, eu ia até a janela da área de serviço, esticava a cabeça para fora, contemplava o céu sem nenhuma nuvem e comentava: "É, dona Renata, está fazendo um ventinho de chuva…"

Hoje tudo isso são águas passadas, graças a Deus. Sabe por quê? Porque eu, humildemente, roguei ao Senhor para que Ele mudasse o meu comportamento e procurei lhe mostrar que era isso mesmo que eu queria. Ou seja, eu me prontifiquei a mudar.

PERDOE-ME, ENQUANTO APRENDO A PERDOAR

Bem-aventurados os misericordiosos, pois obterão misericórdia. (Mateus 5:7 – NVI)

8º PASSO

Fizemos uma relação de todas as pessoas a quem tínhamos prejudicado e nos dispusemos a reparar os danos a elas causados.

9º PASSO

Fizemos reparações diretas a tais pessoas sempre que possível, exceto quando fazê-lo implicasse prejudicá-las ou a terceiros.

SEXTO PRINCÍPIO: examino todos os meus relacionamentos, oferecendo perdão àqueles que me fizeram mal e reparando os danos que causei a outras pessoas, exceto quando fazê-lo provocaria mais danos a essas pessoas ou a terceiros.

Por que preciso perdoar as pessoas que me feriram e reparar os danos que causei aos outros? A resposta está na Bíblia:

> *E quando estiverem orando, se tiverem alguma coisa contra alguém, perdoem-no, para que também o Pai celestial lhes perdoe os seus pecados. Mas se vocês não perdoarem, também o seu Pai que está no céu não perdoará os seus pecados. (Marcos 11:25-26 – NVI)*

Preciso reparar os danos que causei a outras pessoas simplesmente porque é isso que o Pai quer que eu faça:

> *Portanto, se você estiver oferecendo no altar a sua oferta a Deus e lembrar que o seu irmão tem alguma queixa contra você, deixe a sua oferta ali, na frente do altar, e vá logo fazer as pazes com o seu irmão. Depois volte e ofereça a sua oferta a Deus. (Mateus 5:23-24 – NTLH)*

E sabe por que Ele quer que eu o obedeça? Porque Ele me ama e quer o meu bem. Só assim eu poderei conquistar a liberdade. Porque liberdade, meu caro, é escolher quem controla a sua vida. Porque só assim você poderá sair da prisão em que se encontra: a prisão da culpa, do ressentimento, do medo, da luxúria, da mentira e do estranho mundo do alcoolismo e das drogas. Deus está sempre sussurrando em meu ouvido:

Livrem-se de toda amargura, indignação e ira, gritaria e calúnia, bem como de toda maldade. Sejam bondosos e compassivos uns para com os outros, perdoando-se mutuamente, assim como Deus os perdoou em Cristo. (Efésios 4:31-32 – NVI)

O Oitavo e o Nono Passos são os dois últimos na preparação para uma nova vida.

Relembrando: os três primeiros passos implicam uma rendição; é quando eu entrego a Deus minha vida e minha vontade, reconhecendo que "eu não posso", mas "Deus pode, se eu deixar", pois "[...] quando sou fraco é que sou forte". No Quarto e no Quinto Passos tenho um confronto comigo mesmo, com Deus e com outro ser humano. É quando exponho as minhas feridas no mistério da confissão. É o que a Bíblia ensina em Tiago 5:16, como já foi citado.

No Sexto e no Sétimo Passos eu me prontifico humildemente a permitir que Deus remova meus defeitos de caráter. O Oitavo e o Nono Passos são os dois últimos passos de aprendizado e preparação para viver de acordo com a vontade de Deus e nos levam a uma inteira reconciliação com as pessoas. Se você acompanhou esta série desde o início, deve ter notado que tudo caminha no sentido de restaurar os relacionamentos e descobrir, assim, uma nova forma de conviver com o próximo. A meu ver, os relacionamentos não são apenas um dos aspectos que preciso cuidar em minha nova vida. Os relacionamentos são a própria vida. Viver é *conviver*. Foi o próprio Deus quem me deu a fórmula para conviver com o meu próximo:

amá-lo como a mim mesmo. Devo amar o meu próximo *igual* a mim mesmo, nem *mais* nem *menos*. Porque, se eu amar *mais* o próximo do que a mim mesmo, perco a minha dignidade, e se amar *menos* o próximo do que a mim mesmo, meu instinto de dignidade vira orgulho.

Para restaurar os relacionamentos, você precisa acertar as contas primeiramente com as pessoas a quem causou danos. Pegue uma folha de papel e divida ao meio. Na coluna da esquerda, coloque o nome da pessoa que você feriu, e na segunda, o ferimento que causou. Relate os fatos mencionando os danos detalhadamente, de modo a expor a ferida. O próximo passo é procurar as pessoas da lista e tentar reparar os danos, a não ser que isso traga um prejuízo ainda maior. Não fique arranjando desculpas para o que você fez nem coloque a culpa em terceiros.

> *Como vocês querem que os outros lhes façam, façam também vocês a eles. (Lucas 6:31 – NVI)*

Quando você for se desculpar com alguém, pense: E se fosse ao contrário, como eu gostaria que alguém se desculpasse comigo? Segundo Rick Warren, há dois pontos que precisam ser levados em conta:

1. *O momento certo.* Veja o que diz Eclesiastes 8:6: "Existe um tempo certo e um modo certo de fazer cada coisa" (Bíblia Linguagem de Hoje). Você não pode jogar uma bomba na cabeça das pessoas e sair

como se nada tivesse acontecido. Você precisa esperar o melhor momento para falar.

2. *A atitude certa.* Como você gostaria que alguém se desculpasse com você? Em particular, com humildade e sinceridade? Simplesmente dizendo o que fez de errado, sem procurar se justificar ou arrumar desculpas? Você precisa aprender a assumir sua parcela de responsabilidade em vez de ficar culpando o outro. Talvez ele tenha uma parcela de culpa, mas ao dar esse passo você está apenas tentando resolver o seu lado do problema. Não tente justificar suas ações. Concentre-se apenas em fazer a sua parte e não espere nada em troca. Faça restituições sempre que possível. Se você tomou algo emprestado e não devolveu, devolva-o. Se alguém lhe emprestou dinheiro, pague de volta. Uma das reparações que constavam da minha lista se referia a um fato ocorrido quando eu tinha dezessete anos de idade. Eu queria muito comprar um disco do Jimmy Hendrix, mas não tinha um tostão no bolso... Então peguei o dinheiro na bolsa da minha irmã. Eu não queria assumir o que tinha feito, mas precisava fazer os reparos necessários para não deixar nenhuma pendência na minha vida. Isso me deu liberdade e confiança.

Depois, faça outra lista colocando os nomes das pessoas que o prejudicaram ou que lhe causaram danos. Sabe o que você precisa fazer agora? Perdoar cada uma delas, uma por uma. Você tem quatro bons motivos para perdoá-las.

Primeiro, porque Deus o perdoou e continua perdoando. Se Deus que é Deus o perdoou, quem é você para não perdoar os outros? Segundo, porque você comete tantos erros quanto a pessoa que o prejudicou. Terceiro, você precisa perdoar para parar de sofrer e para evitar recaídas. Por fim, o quarto motivo é porque Jesus disse:

> *Perdoa as nossas ofensas, como também nós perdoamos os que nos ofenderam. (Mateus 6:12 - NTLH)*

O que você precisa fazer para perdoar? Meu pastor me disse o seguinte: "Zé, para perdoar, você faz uma fatura dos danos que lhe causaram e entrega tudo para Deus. Dali para frente é com Ele. O que você tem a fazer é tratar bem a pessoa que o ofendeu. Seja gentil com ela, dê-lhe uns abraços, ajude-a no que estiver precisando".

Alguns nomes costumam aparecer nas duas listas. Meu pai é um deles, assim como minha ex-esposa. Causei muitos danos ao meu pai, danos morais e financeiros. Vivi durante mais de trinta anos em um mundo de mentiras e o envolvi em situações bastante constrangedoras. Quanto aos supostos danos que ele me causou, um deles foi nunca ter me visto jogar futebol quando eu era criança, nem ter me visto tocar na fanfarra da escola. Como você percebeu, nada muito sério. Naquela época, os pais não faziam mesmo muito isso.

Quanto aos danos que causei à minha ex-esposa, não basta eu generalizar dizendo que a fiz sofrer muito por causa das minhas bebedeiras e do modo como eu me comportava.

Preciso detalhar, de forma destemida e minuciosa, os males que lhe causei: uma vida mergulhada em dívidas, exigências sexuais, infidelidade constante, omissão como marido e pai. Quanto aos danos que ela me causou ao longo dos anos, alguns foram reais, outros supostos, pois na minha "primeira vida" eu precisava o tempo todo de muitas desculpas para justificar meu comportamento insano. Procurei reparar alguns erros, na medida do possível, porque estamos separados há um longo tempo e não tenho como devolver a ela os anos perdidos.

Minha reparação com meu pai foi um longo processo – foram quase dez anos, os últimos da vida dele. Eu havia parado de beber e estava em franca recuperação. Foram anos muito prazerosos para nós dois, em que desfrutamos de uma intimidade como nunca tivemos antes. Cheguei até a administrar suas contas, acredite...

Meus filhos do primeiro casamento foram também muito prejudicados. Fui quase sempre um pai ausente, um ilustre visitante. Queria ser um "amigão" dos meus filhos, um herói para eles. Às vezes, ia vê-los jogar futebol e fazia a maior gritaria. Certa ocasião, convidaram-me para ser técnico do time de um deles. Eu parecia tão dedicado que quem não me conhecia achava logo que eu era um paizão. No entanto, eles cresceram ao deus-dará, nunca olhei um caderno deles, nunca fui a uma reunião da escola nem demonstrava interesse pela vida deles. Vivia longe, ausente.

A lista de pessoas a quem causei danos é grande: minhas irmãs, cunhados, um sobrinho que tentou me ajudar, patrões, chefes, amigos, mulheres e até donos de bares e de lojas. Quais os erros que cometi? Dívidas, promessas quebradas, querer controlar a vida das pessoas, críticas, abuso verbal, emocional e físico, esquecimento, infidelidade, mentiras, mau uso do dinheiro.

Antes de terminar, é importante relembrar que o Oitavo e o Nono Passos são os últimos na preparação para uma nova vida, uma vida à moda de Deus. Você deve ter percebido que, ao longo desses passos, fui me despindo do velho homem e pouco a pouco me revestindo do novo. Não sou perfeito, muito pelo contrário, ainda pareço um elefante em uma loja de louças, mas mudei muito. Hoje, procuro viver de acordo com os valores eternos de Deus e tento seguir essa trilha.

Vivendo em recuperação

10º PASSO

Continuamos fazendo o inventário pessoal e, quando estávamos errados, nós o admitíamos prontamente.

SÉTIMO PRINCÍPIO: Reservo, diariamente, um tempo com Deus para autoavaliação, leitura da Bíblia e oração, a fim de conhecer a Deus e a Sua vontade para minha vida e obter a força para segui-la.

Na era glacial, os animais tinham vida curta, morriam de frio. Para viver mais, os porcos-espinhos, na época, decidiram juntar-se, viver em grupo. Cada qual recebendo o calor de seu vizinho e garantindo a sobrevivência. Logo após juntarem-se, entretanto, deram-se conta que os seus espinhos machucavam os companheiros mais próximos – justamente os que mais calor forneciam. O grupo se desfez e ficou num impasse. Morrer separados ou tentar viver juntos? Decidiram reagrupar-se e tentar aprender a viver juntos ferindo-se o menos possível, cada um fazendo um grande esforço de acomodar os próprios espinhos. (Fábula de autoria desconhecida)

Essa pequena história é uma boa ilustração do Décimo Passo. São os meus espinhos que preciso controlar, e não os dos outros. Preciso aprender a aceitar os defeitos dos outros para ser perdoado pelos meus próprios defeitos. O que acontece, porém, é que passo a maior parte do tempo tentando controlar os espinhos dos outros. Isso é querer ser Deus.

Há mais um detalhe que deve ser acrescentado, e que a meu ver é o que a humanidade mais procura, desde o começo dos tempos: a *felicidade*. O que preciso fazer para alcançá-la? É muito simples: já que fui criado à imagem e semelhança de Deus, pela lógica, devo seguir o padrão de vida inspirado por Ele. Quando escolho viver à margem de Deus, usando meu duvidoso livre-arbítrio, estou optando pela infelicidade e escolhendo ser infeliz. A razão é simples: estou contrariando minha própria lógica de vida. Quando decido me render à vontade de Deus e permito que Ele ocupe o lugar central da minha vida, então posso ser feliz e ter uma vida prazerosa. Tenho procurado seguir o curso natural da vida, independentemente das circunstâncias, vivendo de acordo com a lógica de Deus, pois só assim viverei em paz.

Posso provar isso com a minha própria vida. Se eu fosse contar cada detalhe das histórias que vivi na época que levava uma vida louca, frontalmente contra a lógica de Deus e sendo infeliz a maior parte do tempo, teria que passar horas em frente ao computador. Passei por algumas ressacas morais que abriram um enorme buraco no meu peito. Em minha busca maluca por prazeres a qualquer preço, bebia e usava drogas. Eu ansiava por uma espécie de orgasmo mental permanente, um estado de felicidade almejado pela maioria das pessoas. O que descobri é que meu tão decantado livre-arbítrio só me permitia uma escolha: ser feliz ou infeliz.

Isso não vale só naquela vida louca. Mesmo agora, que sou "cristão de carteirinha", essa premissa continua valendo em cada momento do meu dia a dia, especialmente quando permito que minha ira, meu orgulho ou minha intolerância ocupem o lugar de Deus. Outro dia, entrei na minha padaria favorita para tomar um café expresso do jeito que eu gosto, com um pouco de leite e uma colherzinha de espuma. Essa pequena pausa diária sempre me dá muito prazer. Naquele dia uma balconista desconhecida me atendeu. Ao ouvir meu pedido, fez uma cara de sofrimento e foi, lentamente, perguntar para uma colega como se preparava aquele café. Quando ela virou-se, vi escrito nas suas costas, em letras grandes "em treinamento". Suspirei, desanimado, e me deixei dominar pela raiva e pela autopiedade: *Só comigo acontecem essas coisas, que azar o meu!* Como não sei disfarçar o que estou sentindo, especialmente em situações como essa, encostei-me no balcão e fiquei olhando a rua. Já estava quase a ponto de pedir à outra atendente para vir fazer o café, ou de falar à própria "Não dá para ir um pouco mais depressa?", quando, ela veio com todo o cuidado me trazer o café. Foi aí que, de repente, alguma coisa me tocou, olhei para o rosto da moça e senti compaixão. Saí de cena e deixei que Deus assumisse. Olhei para ela e disse:

– É bem difícil começar um trabalho novo, não é?

Ela concordou, balançando a cabeça, visivelmente aliviada, e respondeu:

– É, estou achando muito difícil, principalmente porque eu sou muito tímida.

Então eu partilhei com ela algo que aconteceu comigo:

– Em meu primeiro dia de trabalho, me deram oitenta fichas para datilografar e eu errei as oitenta. Quase larguei tudo e voltei para casa. Mas não desista, peça para Deus ficar ao seu lado, que as coisas vão melhorar.

Contei a ela a história do meu filho e de como ele orava ao sair para jogar futebol e ela riu, aliviada, prometendo que faria isso.

Enquanto eu ocupava o centro da minha vida, tive momentos de profunda infelicidade; quando deixei Deus assumir, porém, você pode imaginar como me senti ao entrar no carro para ir embora.

Esses Nove Passos são uma *preparação* para uma nova vida. Começa com uma rendição, uma entrega. Você precisa entregar a Ele sua vida e sua vontade. A seguir, você precisa fazer uma limpeza na casa, no seu interior, junto com Deus e com outra pessoa e prontificar-se, humildemente, para Deus operar mudanças em sua vida, como perdoar as pessoas que lhe causaram danos e reparar os danos que você causou em outros.

A partir de agora, você está pronto para viver em recuperação, sóbrio e limpo, como uma nova pessoa. Mas o que é viver? Viver é sinônimo de conviver. Ninguém é uma ilha. E só há um jeito de viver: convivendo com pessoas. Relacionamento não é um aspecto da minha vida que preciso rever com Deus. Relacionamento é tudo. Para restaurar a minha vida, preciso aprender a me relacionar com as pessoas. E é disso que trata o Décimo Passo. Dia a dia vou aprendendo a ser tolerante, humilde, a ter domínio próprio, a amar o meu próximo, a praticar a benignidade, a ter alegria, paz, paciência e mansidão. Agindo assim, estou permitindo que o fruto do espírito de Deus comece efetivamente a fazer parte do meu cotidiano, da minha vida diária, do meu *conviver.*

Primeiramente, entrei em abstinência de álcool e de drogas, em seguida, caminhei cegamente, num passo de fé, em direção ao Mar Vermelho, e então Deus abriu o mar para eu passar. Minha parte na recuperação é dar esse passo de fé. A parte de Deus é me dar forças.

O Décimo Passo inclui uma pergunta, uma determinação e uma afirmação. A pergunta é: "Posso permanecer sóbrio, manter meu equilíbrio emocional e ser útil sob quaisquer condições?". Não vou conseguir enquanto estiver brigando para ocupar o centro da minha vida. No entanto, vou tentar alcançar esse equilíbrio o tempo todo e caminhar nessa direção. Ouvi alguém dizer certa vez: "Estou fazendo muitas coisas, não sei aonde isso vai dar, mas de uma coisa eu tenho certeza: estou caminhando atrás de Jesus Cristo, pelas estradas poeirentas de Jericó, e isso me basta".

A determinação contida nesse Passo é que preciso checar periodicamente minhas mudanças e minhas atitudes. O ideal é fazer anotações diárias. Faço um balanço dos acertos e erros de cada dia sem medo ou culpa, para depois fazer as correções de rota, evitando me perder nos atalhos.

A afirmação é que preciso aceitar as pessoas e amá-las como elas são. Quando ouvi isso pela primeira vez, tive uma baita surpresa. Sempre achei que era exatamente o contrário, isto é, que, para eu viver bem, os outros precisavam se esforçar para me fazer feliz. Todos teriam que aprender a lidar comigo da melhor forma, conhecer meus gostos, minhas preferências, minhas manias e tudo mais. Caso fosse impossível exigir isso de todas as pessoas, ao menos as pessoas da minha cidade.

Amar primeiro parece ser a chave para esse passo. "Eu amo porque Deus me amou *primeiro*". Deus me amou antes. E eu, amo primeiro? Ou amo desde quê?

Para terminar, vou deixar aqui um relato pessoal sobre a experiência de amar primeiro. A história diz respeito à minha esposa, que é a mais próxima de todos os próximos que devo amar. Ela é tão próxima que até dorme comigo. Eis a história:

Aquele dia começou péssimo. Na véspera, eu e minha mulher havíamos brigado. E lá estava eu, logo cedo, no pequeno escritório nos fundos de minha casa, cheio de razão e de ressentimentos, arrastando aquele começo de dia como se estivesse puxando um caminhão. Somos muito unidos e brigamos pouco, graças a Deus. Depois de tantos anos de casados, nossa vida está tão entrelaçada que qualquer desavença nos abala. Passei a manhã em frente ao computador, com a atenção dividida, resfolegando, suspirando, cheio de autopiedade, planejando ficar pelo menos uma semana sem falar com ela, prazo que poderia se estender até por um ano.

Por volta das onze horas da manhã, percebi que a raiva inicial que motivara a briga tinha passado, só restara o ressentimento, o orgulho ferido. O problema em questão, porém, era justamente esse: meu orgulho ferido, o grande responsável pela maioria dos meus problemas durante toda a minha vida. A Cecília não havia saído para trabalhar aquela manhã, era o dia que tirava para resolver algumas coisas da casa, fazer o almoço, acompanhar o rendimento escolar dos filhos, orientar a faxineira, portanto eu sabia que ela havia passado a manhã toda dentro de casa. Em dias assim, era comum ela ir até o escritório várias vezes, para me trazer um café ou me dar um beijo. Mas naquela manhã ela não apareceu, não deu nem sinal. Eu estava me sentindo completamente abandonado.

Foi nessa hora que me ocorreu fazer uma coisa que eu havia aprendido uns dias antes com o meu filho, Lucas, sobre a vontade de Deus em relação a nós. Só de pensar, fiquei vermelho de vergonha. Meu orgulho ferido achou a ideia ridícula.

Fiquei mais meia hora ali, no escritório, só matutando a ideia. Até que finalmente resolvi agir. Respirei fundo e caminhei uns quinze metros até a porta da cozinha, arrastando os pés como se fossem de chumbo. Abri a porta e lá estava ela, bem bonitinha, de avental, mexendo na pia. Falei "oi", ao que ela respondeu sem olhar. Aproximei-me dela e disse, em voz alta e clara: "Cecília, você quer ficar de bem comigo?". Meu coração parecia que ia sair pela boca. Ela balançou a cabeça fazendo sinal que sim. Fui ao seu encontro e lhe dei um abraço. Ela retribuiu.

Amar primeiro. Amar antes…

Tenda do Encontro

11º PASSO

Procuramos, por meio da prece e da meditação, melhorar o nosso contato consciente com Deus, pedindo apenas para conhecer a Sua vontade para nossa vida e forças para realizá-la.

SÉTIMO PRINCÍPIO: Reservo, diariamente, um tempo com Deus para autoavaliação, leitura da Bíblia e oração, a fim de conhecer a Deus e a Sua vontade para minha vida e obter a força para segui-la.

> *Moisés costumava montar uma tenda do lado de fora do acampamento; ele a chamava Tenda do Encontro. Quem quisesse consultar o Senhor ia à tenda, fora do acampamento. [...] Assim que Moisés entrava, a coluna de nuvem descia e ficava à entrada da tenda, enquanto o Senhor falava com Moisés. [...] O Senhor*

falava com Moisés face a face, como quem fala com seu amigo [...] (Êxodo 33:7,9 e 11 – NVI)

No texto a seguir, da série sobre o Celebrando a Recuperação, quero falar especialmente de uma coisa: como aconteceu minha amizade e meu relacionamento pessoal com Deus, a partir da primeira vez em que entrei na Igreja Batista Água Viva, em Vinhedo. Não tem como eu falar do Décimo Primeiro Passo sem recontar a minha história na minha igreja, como cheguei, como estou hoje, talvez você até a tenha lido. Chama-se Tenda do Encontro.

Logo que comecei a frequentar a Igreja Batista Água Viva, apesar de ter me identificado muito com as pessoas, o culto e a pregação, estranhei muito o que me pareceu um excesso de envolvimento, com muitas obrigações. *Vou ter que ler a Bíblia e orar, então não terei tempo para mais nada.* Quando ouvi que eu, ainda por cima, teria que ser o líder espiritual de minha família, quase desanimei. Das minhas lembranças da infância e da religião que eu tive, só o que tinha de fazer era ir à igreja uma vez por semana e ponto-final, o resto do tempo era eu com minha vida. Bíblia? Nunca li um versículo, e olhe que eu era um cara que lia muito. Uma vez ganhei uma de presente, de uma colega de trabalho que pensava em me regenerar. Era um volume de luxo, enorme, lombada dourada, cheio de gravuras e fotos.

– Vou ter que ler isso? – perguntei para a moça.

– Não – ela respondeu. – É para você deixar na sua sala, em lugar de destaque, aberta no Salmo 23.

Nunca foi para a sala, passou anos no fundo de um armário, não sei que fim levou.

Mesmo assim eu fui ficando, a igreja me atraía muito. Acostumar a ler a Bíblia não foi fácil, especialmente no início. Eu nem sabia por onde começar. Aprender a orar também foi muito difícil.

Durante um bom tempo, de uma forma meio inconstante, tentei fazer minhas orações na hora de dormir, depois de tudo, claro, do jornal, do livro de cabeceira, do último lanche. Foi um desastre. Em quinze segundos eu desistia e virava para o lado. Levei muito tempo para perceber que o que dava certo para os outros não dava para mim. Eu via os outros, inclusive minha mulher e meus filhos, fecharem os olhos, recolherem-se intimamente e orarem. Eu fazia o mesmo, mas, em pouquíssimo tempo, meu pensamento voava, dispersava. Eu começava a divagar: ora enveredava pelo meu passado, ora remoía algum problema de plantão, ora brigava com a Cecília ou com algum filho. Quem olhasse, até parecia que eu estava orando, mas continuava na mesma batalha interior de sempre. Leitura da Bíblia, então, muito pouco. E o tempo todo eu ouvia sobre os benefícios e a importância da oração e da Palavra, tanto na igreja como no pequeno grupo que começamos a frequentar.

Um dia, uma primeira ficha finalmente caiu. Estávamos eu e Cecília numa reunião na casa do Luthero e da Diva e a Tâni, que estava fazendo o estudo, em dado momento disse exatamente isso: "Todo dia eu falo com Deus e ouço Deus. Primeiro eu falo com Ele nas minhas orações, depois O ouço lendo a Bíblia. Ele me fala por meio de Sua palavra".

Para mim foi um achado. Primeiro que desfez um grande mistério, pois eu achava que só ia ouvi-Lo no dia em que fosse para o alto de uma montanha e ficasse lá na neve, sem agasalho, uma semana sem comer. Ler a Bíblia *era ouvir Deus.* Isso despertou em mim uma grande vontade de lê-la, porque a vida inteira eu sempre quis ouvi-Lo, mesmo nos meus piores momentos, mesmo quando até a esperança tinha me deixado.

Permanecia o problema de orar, de falar com Deus. Nessa mesma noite, na cama, lembrei-me de um dia (nós ainda não íamos à igreja) em que a Cecília foi a uma reunião de mulheres na casa da Luciane. Voltou, tinha gostado, comentamos, até que ela me falou sobre um caderno de orações que elas tinham lá, no qual anotavam os pedidos e agradecimentos a Deus. Eu meio que achei graça na história, não entendi bem. *Esses crentes tão exagerando*, pensei. No entanto, a história do caderno ficou na minha cabeça, e naquela noite voltou-me à lembrança. E me bateu uma ideia maluca: e se eu orasse escrevendo?

Eu não sabia naquela hora, mas estava prestes a dar um primeiro e gigantesco passo na direção de *falar com Deus e ouvir Deus.*

Minha primeira oração escrita num caderno data de 27 de outubro de 1999. Tem algumas coisas como: "Deus, nos dê recursos para que o Lucas e a Mari possam permanecer no Porto Seguro até o terceiro colegial"; "Jesus, faça com que eu não sinta mais tantas dores na perna"; "Proteja a Mari na sua igreja entre os adolescentes"; "Faça com que o Lucas jogue bem sábado e o Zé Sérgio o convoque de novo"; "Pai, ajude-me a ser mais tolerante, longânimo, perdoador"; "Pai, por favor, mantenha cheio o consultório da Cecília".

Tem algumas pérolas, como em 12 de abril 2002, no auge da bronca: "Senhor, o São Paulo foi roubado quarta-feira contra o Vasco da Gama. Não deixe mais acontecer isso. Domingo, ele precisa ganhar do Americano, e o Fluminense perder ou empatar com o São Caetano. Veja se o Senhor pode dar um jeito nisso tudo. Um abração".

Foram quase quatro anos assim, muito prazerosos. Tenho vários cadernos cheios. Foi difícil acostumar: andava com a Bíblia e o caderno juntos em um elástico, tinha dia que esquecia ou ficava com preguiça ou estava autossuficiente demais para orar. Pensei que fosse ser assim o resto da vida. Devo confessar, porém, que eu ainda não me sentia tão próximo de Deus como gostaria. O melhor, contudo, estava por vir.

Um dado momento, em uma tarde há cerca de uns quatro anos, eu parei meu trabalho para orar – acostumei a fazer isso às tardes –, mas o caderno tinha ficado no carro e eu estava no meu escritório, nos fundos de casa. Ia deixar para depois, mas resolvi falar direto com Ele, em voz alta, face a face, e não escrever, como sempre fazia...

Era uma tarde fria de inverno, o céu azul, o tempo passava lenta e sossegadamente, a Tatá dormia enroscada no capacho da entrada do escritório. Não sei o que me deu àquela hora, mas o fato é que eu me virei do computador, olhei firme para a cadeira vazia que deixo para as visitas e comecei a falar com Deus, em voz alta. No começo meio envergonhado, olhando ressabiado pela janela; depois, quando dei por mim, estava em pé em frente à cadeira de Deus, conversando, pedindo, agradecendo, reclamando, colocando as dificuldades. Naquela dia, estava meio chateado comigo mesmo, tinha falado mais do que devia no almoço, então pedi muito ao Espírito Santo que me fortalecesse com o seu fruto no dia a dia, especialmente com respeito à longanimidade e ao domínio próprio, principalmente da língua. Pedi pela Mari, pelo Lucas, pela Cecília, pelos meus outros filhos que vivem sem Deus, pela minha ex-esposa e por dois irmãos da igreja. Depois, para ouvi-Lo, pedi licença, sentei-me e li minha amarfanhada Bíblia. Quando parei, estava me sentindo muito bem. Pronunciando as palavras, seja falando em voz alta ou sussurrando, eu não me desconcentrei, o tempo todo eu me dirigi a Ele. Embora no momento eu não soubesse, tinha acabado de inaugurar minha Tenda do Encontro. Saí no quintal, fiquei um tempo ali parado, senti que Deus tinha vindo junto comigo e ficamos por lá, nós dois, "quentando" o Sol.

Foi bem nesse momento que comecei também a sentir, na prática, o que tantas vezes já tinha ouvido falar na teoria: que Deus é pessoal, que Ele se relaciona comigo e que, portanto, Ele estava ali mesmo naquele solzinho, assim como estivera havia pouco me ouvindo no escritório. Foi nessa hora também que me senti verdadeiramente repartindo grande parte do peso como marido e pai. Eu não me senti mais tão sozinho na parada, entende?

Esse tem sido um tempo bem legal, de muitas descobertas, de conviver mais com Deus – e, quanto mais perto de Deus, mais perto da minha mulher, dos filhos, das pessoas. Continuo dando muitas mancadas no dia a dia, tenho que me esforçar para me lembrar de não fazer mais as coisas sozinho, por minha conta e risco. Até por isso tenho tentado encontrar algumas saídas ou soluções para evitar esse "por minha conta e risco". Caminho com Deus na rua, tenho falado muito com Ele também no carro, enfim, onde for preciso. Essa prática tem sido muito benéfica na minha vida, embora eu saiba que sempre estou sujeito a passar algum vexame, porque sou meio distraído.

Quando buscava meus filhos na escola, geralmente ia com bastante folga de tempo. Eram sempre momentos certos de orar e ler a Bíblia (mesmo no tempo do caderno), assim como quando tomo um café na padaria, pois levo para o carro uma água com gás e lá fico, um bom tempo, *falando com Deus e ouvindo Deus.*

Certo dia, no estacionamento amplo da escola, já tinha escurecido e eu estava havia vários minutos entretido em uma animada conversa com Ele, meio virado para o banco de passageiro. De repente, do nada, levei um susto. Olhei para trás, um carro silenciosamente estacionara do lado, e uma mulher me olhava fixamente, os olhos meio arregalados, meio erguida no carro dela, querendo, quem sabe, enxergar o baixinho ou a baixinha com quem eu estava conversando.

No domingo do Dia dos Pais desse mesmo ano, o André falou para os pais. E contou de Moisés e da Tenda do Encontro. Fiquei muito comovido. Identifiquei-me tanto com a imagem de Moisés e a Tenda, que, à noite, no lanche, repeti para os filhos, a Cecília ao lado, a história de Moisés e esta minha história. E, juntos, de mãos dadas, fizemos uma oração, agradecidos.

12º PASSO

Tendo experimentado um despertar espiritual graças a esses passos, procuramos levar esta mensagem a outros e praticar estes princípios em todas as nossas atividades.

OITAVO PRINCÍPIO: entrego-me a Deus, a fim de ser usado para levar essas boas-novas a outros, tanto pelo meu exemplo quanto pelas minhas palavras.

Meu filho Lucas, na época uma criança, chegara de uma aula na igreja nos desafiando com um quebra-cabeça que lhe haviam dado lá, assim: "primeiro porque nos nós amou Ele amamos". Ficamos todos tentando adivinhar a frase correta, até que ele nos anunciou triunfalmente a frase correta: "nós amamos porque Ele nos amou primeiro". Aquilo caiu em mim como um raio. Deus me amou primeiro. Antes de eu amá-lo, Ele me amou, mesmo nos tempos em que eu nem podia ouvir falar a palavra Dele. Mesmo quando eu estava caído, bêbado, na rua. Mesmo nos hospícios pelos quais passei. Mesmo quando minha vida estava se desintegrando. Mesmo nas madrugadas sombrias, escuras, geladas, na grande solidão do bêbado, do drogado. Mesmo quando eu o renegava. Ele me amou primeiro, incondicionalmente. Ele me amava. E me esperava.

E foi preciso que alguns anos se passassem, mesmo após eu já haver procurado a Deus, após eu ter me encontrado com Ele. Precisou meu filho vir me contar uma aula infantil para que eu percebesse, finalmente, qual era a primeira, a principal vontade Dele para comigo.

É simplesmente amar o próximo como a mim mesmo. E como é isso? Eu devo tentar amar você *primeiro.* Incondicionalmente. Independentemente de quem você é. Independentemente se você é meu amigo ou meu inimigo. Independentemente se você me ama ou se você me despreza. Deus me amou assim, e Ele espera que eu ame você assim, *primeiro.* Amar você como a mim mesmo. O amor que eu tenho por mim mesmo é incondicional. Eu não me importo com meus defeitos. Eu amo este cara que aparece no espelho toda manhã. E é assim, como a mim mesmo, que eu devo tentar aprender a amar você. Exatamente do jeito que você é. É essa a primeira coisa que Deus espera de mim, é essa a Sua vontade principal.

Tenho certeza de que Deus escolheu os bêbados para se recuperarem uns aos outros. Os bêbados todos do mundo são os escolhidos. Os Doze Passos, para mim, foram criados por Deus para que um ex-bêbado como eu, cheio de defeitos, pudesse se exercitar para aprender apenas a amar o próximo como a mim mesmo. É óbvio que Deus jamais iria inspirar Bill Wilson a sair por aí dizendo para todos os bêbados: "Tentem amar o próximo como a si mesmos que vocês vão parar de beber e ser muito felizes". Por isso, é totalmente evidente para mim que, naquela noite chuvosa em Nova Iorque, com Bill inclusive bem deprimido, foi Deus quem o inspirou a escrever, em meia hora, acreditem, o enunciado de cada um dos Doze Passos. E Deus ainda deve ter sussurrado para ele: "Não esmoreça nem desanime, lidar com bêbado é fogo, dedique toda a sua vida a espalhar esse caminho". E Bill fez isso. Não foi nenhum santo, mas fez isso por toda a sua vida, cumpriu a ordem. Ele levou a mensagem, incansavelmente. E o Dr. Roberto (Bob), o outro fundador, também. Consta no livro *Alcoólicos Anônimos Atinge a Maioridade* que o Dr. Bob levou a mensagem, estendendo a mão para cerca de cinco mil pessoas.

Nesses trinta e três anos de uma nova vida, nunca recusei um pedido de ajuda. Minha vida, hoje, é toda voltada para ajudar pessoas que sofrem, em palestras, encontros individuais, coordenando grupos no ministério Celebrando a Recuperação, em meus escritos, em livros, como este.

Todo o meu tempo agora é dedicado a servir os maltrapilhos não apenas em casos de álcool e outras drogas, mas também em doenças da alma. Por ser também um maltrapilho, para mim fica mais fácil chegar nas pessoas. Eu sei o que elas estão sentindo, porque já senti o mesmo, já estive na mesma prisão. Nunca me esqueço, porém, de que a ovelha perdida ainda sou eu. Tudo que faço reverte instantaneamente para mim. Ainda estou aprendendo, e esse estilo de vida tem me trazido uma vida abundante, muita paz no meu coração.

Na verdade, estender a mão é uma prioridade para Deus. Eu não fui consolado para descansar numa rede. Eu fui consolado para consolar.

Referências

MANNING, Brennan. *O Evangelho Maltrapilho.* 1ª ed. São Paulo: Mundo Cristão, 2005.

__________________. *A assinatura de Jesus.* 2ª ed. São Paulo: Mundo Cristão, 2008.

MELLO, Antonny de. *The song of the Bird.* In: MANNING, Brennan. *A assinatura de Jesus.* 2ª ed. São Paulo: Mundo Cristão, 2008.

WARREN, Rick. *Uma vida com propósitos – Você não está aqui por acaso.* 1ª ed. São Paulo: Editora Vida, 2003.

WILSON, Bill. Acoólicos Anônimos – Edição especial. 1ª ed. São Paulo: JUNAAB – Junta de Serviços Gerais de A.A., 1984.

Bíblias

BÍBLIA. Português. *A Bíblia Viva.* Tradução ou versão. São Paulo: Editora Mundo Cristão, 1981.

________________. *A mensagem.* Versão: Eugene H. Peterson. São Paulo: Editora Vida, 2011.

________________. *Bíblia Sagrada.* Nova Tradução na Linguagem de Hoje. São Paulo: Sociedade Bíblica do Brasil, 2000.

________________. *Bíblia Sagrada.* Nova Versão Internacional. São Paulo: Editora Vida, 2001.

FONTE: Minion Pro
PAPEL: Lux cream 60g/m²
IMPRESSÃO: Paym